MANUAL PARA GESTIONAR EL CAMBIO ORGANIZACIONAL , SIN MBA
Primera parte

CLAUDIO PARDO MOLINA

DEDICATORIA

Dedico este libro a todos los gerentes del siglo XXI conscientes de la nueva economía, la cual combina valores humanistas en contraste con la visión materialista del siglo pasado.

"El mando ha de tener como cualidades: sabiduría, sinceridad, benevolencia, coraje y disciplina".

Sun Tzu (544 Ac – 496 AC)

¿A cuántos MBA les interesa adquirir sabiduría, ser sinceros y benevolentes sin perder el coraje y la disciplina?

Claudio Pardo Molina (1977-)

CONTENIDO

AGRADECIMIENTOS

A la musa inspiradora y madre de mis cinco hijos, Giannina Colombo.

DESCRIPCIÓN DEL LIBRO

Este libro se basa en una milenaria herencia para aplicar estrategia que nos han llegado desde la antigua Asia. Porque las recomendaciones que entrega su autor, Sun Tzu, no pierden vigencia a pesar de tener más de dos mil quinientos años de antigüedad. Es sabido que inspiró a muchos personajes históricos como napoleón o Maquiavelo, e incluso en las estrategias de los revolucionarios de Vietnam. Pero todas estas aplicaciones fueron en el contexto de la guerra. En cambio, la adaptación que realicé se concentra en la gestión del cambio para gerentes. Porque este tratado entrega recomendaciones de sabiduría, de sentido común.

Porque en mi propia experiencia de estudiar ingeniería comercial e incluso obtener un magister en administración de empresas, MBA, sentí muchas veces que no contaba con la sabiduría para aplicar un cambio organizacional.

INTRODUCCIÓN

Este manual se basa en una milenaria herencia para aplicar estrategia que nos han llegado desde la antigua Asia. Porque las recomendaciones que entrega su autor, Sun Tzu, no pierden vigencia a pesar de tener más de dos mil quinientos años de antigüedad. Es sabido que inspiró a muchos personajes históricos como napoleón o Maquiavelo, e incluso en las estrategias de los revolucionarios de Vietnam. Pero todas estas aplicaciones fueron en el contexto de la guerra. En cambio, la adaptación que realicé se concentra en la gestión del cambio para gerentes. Porque este tratado entrega recomendaciones de sabiduría, de sentido común.

Porque en mi propia experiencia de estudiar ingeniería comercial e incluso obtener un magister en administración de empresas, MBA, sentí muchas veces que no contaba con la sabiduría para aplicar un cambio organizacional. Daré un ejemplo concreto de las adaptaciones que haré en los próximos capítulos. El arte de la guerra dice "La mejor victoria es vencer sin combatir", siendo mi adaptación al tema de este manual la siguiente "El mejor cambio organizacional es que se logra sin demandas, desvinculaciones o un empeoramiento del clima organizacional". Porque cuando hablo de sabiduría, en realidad estoy hablando de sentido común.

Porque mientras más leo este manual, más me convenzo que ninguna de sus máximas pierde vigencia. Y no lo digo porque crea que gestionar un cambio al interior de una empresa parezca una guerra. Lo que realmente creo es que gestionar un cambio debe aprender del manual a sumar a las personas que componen una organización en vez de tratarlas como un recurso económico o peor aún, un enemigo al cual vencer. Ya que este manual hace recomendaciones en base a una sabiduría milenaria acerca del conocimiento de la naturaleza humana, en especial en los momentos de confrontación. Como se ve, lo que trataré de hacer en este manual es comprender y hacer recomendaciones prácticas para comprender las raíces de un conflicto cuando se hace un cambio organizacional para buscar una solución.

Adapté este manual para hacer recomendaciones de un cambio al interior de la organización porque difiero con la mayoría de las adaptaciones. Porque estas se refieren a estrategias contra enemigos. Parece ser que los que han adaptado este manual siguen sin comprender que las ideas de Sun Tzu. El escribió "El arte de la Guerra" para hacerle entender a los generales que los adversarios no son sus enemigos, sino potencialmente aliados. Siempre que ellos puedan cambiar su forma de pensar y por lo tanto de actuar.

Varios puntos que intentaré explicar son palabras que hoy en día tienen una connotación negativa, pero que deben ser explicadas muy bien las razones detrás de ellas. Ya que la principal idea de este manual es que el cambio organizacional se basa en dos principios: el engaño y someter a los adversarios. Pero no me refiero al engaño refiriéndome a mentir o manipular. Sino que engañar a otros se refiere a la prudencia con que se deben manejar los caminos a seguir mientras se conduce el cambio organizacional. Y someter al adversario, no se refiere a demandarlo, desvincularlo o que se sienta acosado laboralmente, sino que es justamente lo contrario. La idea de someterlo es sumarlo al cambio para evitar todas las consecuencias anteriores.

De todas formas, quisiera agregar que la gestión del cambio organizacional debe estar fundamentada en que coincidimos éticamente con lo que nos piden liderar. Suponiendo que la única regla de la ética es "No hagas a otros lo que no quieras que te hagan a ti" o en sentido positivo "Haz a otros lo que quieras que te hagan a ti". Entonces, si hacemos una introspección de lo que pensamos sinceramente del cambio, si creemos realmente que tendrá un impacto positivo en la sociedad, recomiendo hacerlo. En caso contrario, si no coincidimos éticamente con el directorio de la empresa recomendaría no proceder. Porque si hacemos el cambio organizacional solo por el salario, y no nos entregamos por entero este fracasará. Porque los funcionarios pueden percibir la mentira, o quizás nuestros propios micro gestos nos traicionen en momentos de crisis.

Capítulo Uno: Evaluación

Uno

Generalmente somos contratados por un directorio de una empresa, los dueños generalmente, para hacer un cambio organizacional. Y dado que hacer un cambio es un tema muy delicado, es muy probable que exista esta necesidad por alguna amenaza real en la existencia de la empresa. Sino no nos habrían llamado a realizar el cambio. Una cosa que potencia la delicadeza de hacer un cambio es que adaptar la empresa a un ambiente adverso puede generar exactamente lo contrario acelerando la crisis de la empresa y por lo tanto su cierre. Así las cosas, quienes gestionamos un cambio organizacional somos como el médico que lo contratan para operar, sabiendo que esta operación si es muy invasiva puede terminar matando al paciente.

El cambio organizacional generalmente busca corregir una debilidad organizacional ante una amenaza externa. Las decisiones que tomemos son de vital importancia para la supervivencia de la empresa. Afectará el dominio del principal activo de las empresas actuales, su gente. Y nuestras acciones pueden hacer que la empresa sobreviva, crezca o quiebre. Cuando digo que la empresa puede sobrevivir y crecer, es porque podemos hacerla diversificar a través de la innovación. Cuando digo que esta puede quebrar, lo digo porque puede haber un clima organizacional tan malo que perdamos a los mejores funcionarios empeorando las debilidades que ya se tenían.

Tres

Por este motivo y los que expondré a continuación, antes de hacer el cambio organizacional para el cual fuimos contratados debemos evaluar seriamente todos los beneficios, costos y potenciales consecuencias de nuestro trabajo. Y en caso que los dueños de la empresa, el gerente general o los accionistas nos presionen para aplicar el cambio cuanto antes sin evaluación previa, demostraría una tremenda indiferencia y responsabilidad en caso de fracaso en la aplicación del cambio. Y nosotros tendríamos la culpa compartida con ellos al aceptar aplicar los cambios sin esta evaluación previa. Debemos estar muy conscientes que son cientos o a veces miles de familias quienes dependen económicamente de la supervivencia de la empresa.

Cuatro

Entonces, lo primero que debemos hacer antes de aplicar el cambio organizacional será la construcción de un sociograma. El sociograma, según Wikipedia, es una técnica que pretende obtener una radiografía grupal, es decir, busca obtener de manera gráfica, mediante la observación y contextualización, las distintas relaciones entre sujetos que conforman un grupo, poniendo así de manifiesto los lazos de influencia y de preferencia que existen en el mismo. Este tipo de relaciones no son necesariamente formales, en la mayoría de los casos son informales. Jacob Levy desarrolla la técnica del sociograma a mediados de los años 30 como una herramienta con fines exploratorios y diagnósticos, orientados a lugares de enseñanza y laborales. Actualmente es ampliamente usada en diversos ámbitos organizacionales, desde pequeños colegios hasta empresas de gran importancia, es igualmente empleado en labores de inteligencia en función de detectar redes delictivas. Una corta definición podría referirse a: "Son gráficos o herramientas empleadas para determinar la sociometría de un espacio social".

Por ejemplo, y para hacer un ejercicio concreto presentaré el siguiente sociograma obtenido a partir de la opinión de diversos grupos de gerentes, secretarias y otras personas que nos cooperen hablando de los grupos de amistades al interior de la empresa. Pudiendo así entender el organigrama que realmente existe al interior de la empresa y que luego usaremos para comparar quienes apoyarán los cambios y quienes se opondrán.

Cuadro 1: Sociograma EVALUACIÓN INICIAL

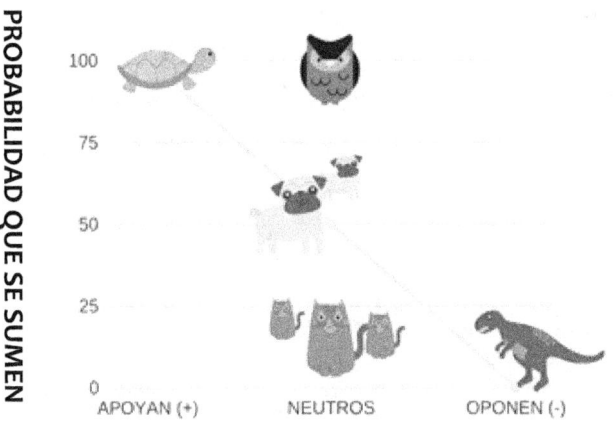

Fuente: elaboración propia

En este sociograma que presento como ejemplo en el cuadro 1, se pueden ver varios grupos a los que simbolicé con animales tan cotidianos para nosotros como la tortuga, el búho, los perros, los gatos y el dinosaurio.

El Búho. Esta ave nos representa a nosotros ante la organización. Nos he representado con un ave que culturalmente representa la sabiduría. Nuestra ubicación en el plano se debe a que tanto tortugas, perros, gatos y dinosaurios deben confiar en la neutralidad que tengamos ante los cambios (Horizontal o eje x) aunque sepan que la probabilidad que sumarnos sea muy alta (Vertical o eje y). También quise usar al búho porque generalmente llegamos a la organización para hacer el cambio y luego emprender el vuelo a otra empresa.

La tortuga. Representa al gerente que apoya el cambio organizacional (eje x) y que tiene una alta probabilidad de sumarse a los cambios que necesitemos hacer en el tiempo (eje y). Lo represento como una tortuga por la lentitud con que se adaptan o instalan los cambios solicitados por los dueños. Además, si nos contrataron para hacer el cambio debe ser justamente por esa lentitud de liderazgo interno. También los represento como una tortuga porque estas tienen una vida muy larga, y puede ser que los gerentes nos apoyen más por miedo a perder el trabajo, dada su edad, que por un convencimiento profundo de la necesidad de hacer los cambios.

Los perros. Estos representan a los jóvenes optimistas que les gusta el cambio. Aunque son neutros en esta situación inicial (eje x). Tienen una probabilidad media de sumarse a los cambios que se necesiten hacer (eje y). Puede ser probabilidad media, pero es mayor que la probabilidad de los gatos o del dinosaurio. Los perros además actúan grupalmente y tienden a seguir a otro perro más grande, lo que será fundamental para ir sumándolos al cambio. En el cuadro 1, agregué una línea azul mostrando que los perros tienen mayor afinidad con la tortuga.

Los gatos. Aunque tienen características similares es independiente el uno del otro. Cuesta encontrar un gato líder por lo que se deben ir sumando individualmente. Tienden a representar a personas maduras dentro de la organización. Aunque son neutras al cambio (eje x) es menos probable que se sumen a los ajustes necesarios (25% en el eje y) porque tienen la carga de prejuicios como el siguiente: Esto se trató de hacer hace años y no funcionó; Eso resulta en teoría, pero es imposible en la práctica; nos tratan como un número por lo que me opongo a lo que sea; no sé de qué se trata, pero igual estoy en desacuerdo y así sucesivamente. Se puede dar que algunos gatos sean amigos del dinosaurio, lo que podría dificultar o demorar los cambios necesarios. Por eso, en el cuadro 1 agregué una línea roja para mostrar que los gatos son más afines al dinosaurio.

El Dinosaurio. Este personaje es el líder de los que no quieren hacer cambios. No quiero demonizarlo, ni que se asocie con el pasado o se le dé una connotación sindical. Los Dinosaurios generalmente representan un pensamiento de otra época, se oponen a todo y es muy poco probable que apoyen cualquier idea que no sea de ellos mismos. Tienden a tergiversar lo que escuchan para liderar a los demás porque generalmente dicen "estar contra el sistema". En este manual será el símbolo de ese líder que siempre nos encontramos abiertamente o en las sombras y que impide los cambios necesarios para sobrevivir.

A continuación, mostraré como debería quedar la organización después del cambio organizacional. Para ejemplificarlo solo presento dos posibles finales. Un final ideal (2.A) donde casi todos se unieron al cambio y el dinosaurio al menos se volvió neutral. Y el final esperado (2.B), que es más probable, donde se sume gran parte de la organización, pero el dinosaurio sumó un gato para rechazar los cambios necesarios.

Cuadro 2: Sociogramas después del cambio organizacional

Fuente: elaboración propia

Espero que las recomendaciones que haré en el transcurso de este manual logren un sociograma final ideal o incluso mejor, donde todos estén y se sientan parte de los cambios.

Cinco

Usando el sociograma, debemos valorar las posibilidades éxito o fracaso del cambio organizacional con cinco factores fundamentales. Así haremos comparaciones de estos factores con los grupos de personas que componen el sociograma. Sabiendo obviamente quienes apoyan previamente el cambio y quienes se oponen. En base a la comparación previa de estos cinco factores tendremos una evaluación inicial de la probabilidad de éxito o fracaso de implementar el cambio. Y para hacer más concreto el cambio, diré que el principal problema que tiene el gerente tortuga es la constante oposición que presenta el líder dinosaurio.

Seis

Los cinco factores con que compararé los liderazgos de la tortuga y el dinosaurio al interior de la organización son: La doctrina, el tiempo, el terreno, el mando y la disciplina. Todos estos factores se presentarán en una escala del 1 al 5. Siendo 1: una evaluación muy baja del factor; 3: Una evaluación media y 5: Una evaluación alta.

Doctrina. Hace referencia a la armonía que sienten los integrantes de una empresa con el líder del cambio o con el opositor. Mientras más alto sea evaluado este factor, le será más fácil que las personas lo sigan sin temer que sus decisiones les hagan perder el trabajo o les traiga alguna consecuencia negativa.

Tiempo. Sirve para comparar el clima laboral con que se asocia al gerente tortuga o al opositor dinosaurio. Es bien sabido además que el estado de ánimo está muy influido por el clima. Por ejemplo, las tasas de suicidio son más altas en primavera. O también se sabe que a principios de año la gente tiene todas las energías para apoyar los cambios. En cambio, en el período previo a las vacaciones, la gente está cansada y de mal humor, por lo que se hace poco conveniente proponer el menor ajuste en la organización. Puede ser que el gerente tortuga este presionado a realizar cambios a fin de año y por eso sale mal evaluado en este factor. En cambio, se puede dar que el dinosaurio tenga una negociación colectiva a principios de año teniendo el tiempo a su favor.

Podría parecer que el tiempo es dado, pero es como el ying y el yang. Es decir, si la evaluación inicial dice que la gente está aburrida de lo mismo, ying, se recomienda hacer cambios, yang y viceversa.

Terreno. Este factor se refiere a las distancias que deben recorrer el gerente o el adversario ante los cambios. Puede ser que el opositor debe cumplir ciertos horarios donde no puede coordinar a los demás para hacer oposición. O se puede dar que el gerente no tiene tiempo para explicar las necesidades de cambio organizacional debido a que pasa en reuniones. Este factor tendrá una mejor evaluación en la medida que sea un factor diferenciador para lograr cambios u oponerse. Otro caso, que caracteriza al terreno, es que el líder pueda acceder fácilmente a los stakeholders o grupos de influencia. Podría ser que el dinosaurio acceda fácilmente a los clientes, como grupo de influencia, para generar resistencia a los cambios desde fuera. En este caso el terreno le sería favorable al dinosaurio. Mientras el líder tenga mayor movilidad para llegar a los grupos de influencia interna o externa, mayor será su puntuación en este factor.

Mando. Este factor habla de las características del líder ante la organización. Podrían ser reales, falsas o incluso podrían haber sido manipuladas, pero siempre se referirán a la opinión que se tiene de él al interior de la organización. El mando será mayor mientras mejor sean evaluadas los siguientes componentes del mando: sabiduría; sinceridad; benevolencia; coraje y disciplina. Es muy importante entender que un jefe no tiene por qué ejercer liderazgo al interior de una empresa. De hecho, generalmente estas faltas de liderazgo conducen a que otro funcionario ocupe este lugar. Por eso se puede dar que el dinosaurio ocupe el liderazgo que se esperaría de la tortuga. O podría ser que la tortuga tenga mando, pero necesite mejorar su sinceridad ante la comunidad. Y esto podría estar mermando su influencia.

El último factor es la disciplina. Esto se refiere al orden interno que se perciba por la comunidad. Puede ser la claridad para obtener beneficios. En el otro extremo están las organizaciones que no tienen disciplina porque no existen consecuencias en caso que exista una resistencia al cambio injustificada. La disciplina también se ve mermada si no hay claridad para conseguir recursos humanos o materiales que permitan hacer el cambio. En esta situación, no es que la gente se oponga al cambio organizacional, sino que simplemente no saben cómo proceder.

Podría ser que las personas sepan que se pueden saltar a la tortuga para lograr sus objetivos personales y llegar directo a los dueños. O puede ser que los grupos de presión como los gatos sepan que logran más cosas a través del dinosaurio en vez de apegarse al conducto regular que se observa en el organigrama.

Cuadro 3: factores de liderazgo entre:

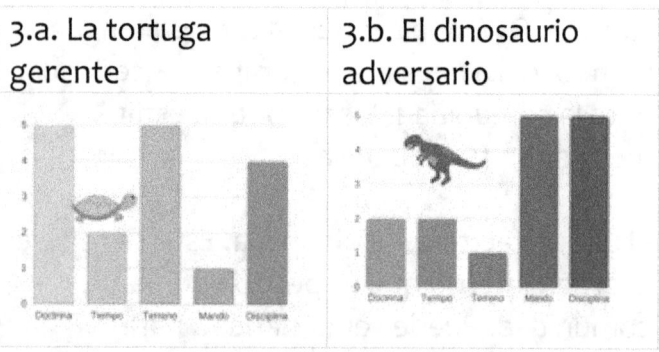

3.a. La tortuga gerente	3.b. El dinosaurio adversario

Fuente: elaboración propia

En este cuadro teórico se comparan los cinco factores del liderazgo del gerente tortuga respecto del dinosaurio opositor. La información del liderazgo de ambos se evaluará al conversar por separado con los integrantes de la organización, ya que generalmente los dueños saben que la tortuga no ha podido hacer los cambios sin saber las reales causas. Puede ser que la falta de liderazgo comparativa entre la tortuga y el dinosaurio sea hasta culpa de los mismos dueños que se saltan al gerente cuando los funcionarios acuden a ellos para resolver algún problema.

Dado que somos el búho debemos hacer un muy buen diagnóstico inicial de las dinámicas organizacionales. El que conozca bien estos factores logrará casi con seguridad los cambios organizacionales solicitados. En caso que el directorio no acepte nuestro diagnóstico y recomendaciones posteriores, recomiendo dejar los cambios y dejar la empresa. Porque en un caso así de pesimista, el fracaso será evidente. Es mejor retirarse dejando un buen diagnóstico a liderar cambios donde el remedio sea peor que la enfermedad.

Siete

En resumen, para hacer la evaluación inicial debemos escuchar a diferentes integrantes de la organización para hacer nuestro diagnóstico del liderazgo. Estos cinco factores y sus componentes deben responder comparativamente como son percibidos tanto la tortuga como el dinosaurio. Además, debemos evaluar a los grupos que siguen a cada uno de ellos. Me refiero al grupo que apoya los cambios compuestos por la tortuga y los perros. Siendo el otro grupo aquél que se opone a los cambios, donde reina el dinosaurio sobre los gatos. En base a este cuestionario podremos sacar nuestras propias conclusiones del liderazgo percibido.

Cuestionario

1.   ¿Cuál líder es percibido como más sabio y capaz?

2.   ¿Cuál de ellos tiene mayor talento para liderar?

3.   ¿Cuál de los grupos "A favor" o "En contra" tiene ventajas del tiempo y del terreno?

4.   ¿Cuál de estos grupos tiene un mando más fuerte? ¿Dónde se sigan de mejor forma las regulaciones y las instrucciones?

5. ¿Son los grupos "Contra" más fuertes que los "Pro" el cambio organizacional?
6. ¿Cuál de estos grupos tiene personal con conocimientos de gestión del cambio o de trabajo político?
7. ¿Cuál de ellos administra de forma más justa las recompensas y castigos al actuar como grupo?

En base a las respuestas que obtenga de estas siete preguntas podré saber si el cambio se hará más rápido, más lento o simplemente no se podrá hacer. La experiencia me dice que al preguntarle a los funcionarios por separado todos tienden a tener opiniones similares para describir cuales son los grupos "Pro" y "Contra". También tienden a coincidir en la fuerza que tienen cada uno. Un punto adicional que me parece interesante agregar es que casi siempre esta información es más valiosa y rica en contenidos por parte de colaboradores que tienen un bajo rango desde la perspectiva del organigrama tradicional. En simple, sabremos mucho más de los grupos si les preguntamos al portero; a la recepcionista e incluso a la señora del aseo.

Casi siempre ellos saben quién de los gatos quería el cargo que le dieron a la tortuga. O podrían contarnos si un perro tuvo una aventura amorosa que lo enemistó con el dinosaurio. Esto parece algo irracional, pero creo que muchas veces los grupos se organizan con un discurso racional a favor o en contra de los cambios. Sin embargo, si comenzamos a averiguar más, las diferencias se producen por sentimientos tan básicos como la ira, la envidia, la atracción sexual, la simpatía, el interés oportunista u otra de similares características.

Ocho

Cuando somos contratados para gestionar el cambio debemos saber que este diagnóstico nos ayudará a realizarlo. Pero si la tortuga gerente se opone, tendremos que recomendar que lo muevan de lugar o lo despidan, sino el cambio será un fracaso absoluto. Ahora bien, si contamos con el apoyo de este gerente (que pueden ser varios que apoyan y solo uno que se opone a seguirnos) tendremos que trabajar en crear condiciones que contribuyan al cambio que queremos implementar. Aclaro, antes de hacer el cambio se deben crear situaciones que pongan a la comunidad a favor del cambio. Actuando en consecuencia de acuerdo a lo que sea ventajoso para nuestro objetivo. Estas acciones pueden nacer de las ideas que nos del personal y que sean coincidentes con lo que espera de nosotros el directorio.

Nueve

Debido a que estamos analizando cómo hacer el cambio, debemos usar el engaño a nuestro favor. No hablo del engaño del mentiroso, sino del engaño del prudente. Como dice la biblia "No le des perlas a los cerdos" o en su versión hindú "A los niños leche y a los hombres carne".

Por eso no se recomienda contarle a nadie del cambio que nos han pedido realizar hasta que la organización esté preparada. De hecho, si tenemos un diagnóstico que nos da capacidad para hacer el cambio, debemos aparentar incapacidad de acción. Incluso si ya estamos negociando en darles beneficios a los perros o gatos en caso de apoyarnos, debemos aparentar inactividad. Si estamos sumando gatos cerca del dinosaurio debemos hacerlo en lugares que nos den la privacidad suficiente. Estando cerca del líder contra debemos aparentar que estamos lejos. En caso contrario, que ningún gato nos apoye, debemos reunirnos con ellos frente al líder contra para que crea que estamos logrando implementar el cambio. Así podremos ver cómo actúa el líder que se opone a los cambios y podremos conocer las razones que tiene para oponerse.

Diez

Para facilitar el análisis exageraré las características negativas del líder contra. Supongamos que su comportamiento está totalmente en contra de las virtudes que nosotros consideramos adecuadas para cualquier organización. En este caso extremo, recomiendo tomar medidas cebo hacia el dinosaurio. Debemos llamar su atención de formas inesperadas que le dejen claro nuestro compromiso con el cambio. Podemos por ejemplo aplicarle el reglamento interno y denunciarlo a la inspección del trabajo en caso que esté cometiendo alguna ilegalidad.

En caso que el líder opositor haga ilegalidades, pero cubra muy bien sus huellas y sepa que tiene fuerza al interior de la empresa, debemos prepararnos. Porque seguramente actuará para descalificar nuestro trabajo. Justamente en este caso se recomienda evitar todo contacto con él, porque lo que hagamos lo tergiversará para usarlo en nuestra contra.

Si el líder de los opositores al cambio tiene fama de perder el control con una personalidad iracunda, será muy fácil ver que se irrite con nuestro trabajo o cualquier actividad que hagamos con buenas intenciones para lograr el cambio. Así, los seguidores del dinosaurio se darán cuenta de su real naturaleza negativa.

O se podría dar el caso que el líder de los que se resisten al cambio tenga una personalidad egocéntrica. En ese caso, fomentar el egocentrismo del dinosaurio se irá dando de forma natural. Por ejemplo, podemos pedirle al grupo de perros, gatos y al dinosaurio que nos den alternativas para generar el cambio solicitado. A pesar de abriremos este espacio de trabajo conjunto, siempre saldrá desenmascarado el dinosaurio, porque su ego lo traicionará al descalificar las ideas de perros y gatos. También se podría ofrecer una oficina más grande, un mejor computador u otro beneficio económico. En cualquiera de estos casos, el dinosaurio será traicionado por su propia naturaleza egocéntrica lográndose

con esto una merma en la confianza de sus
seguidores.

Como se ve, este manual no trata de
manipulación, sino que busca develar la
verdadera naturaleza de los que impiden el
cambio organizacional y por lo tanto el
empleo de todos nosotros. Hoy en día son tan
rápidos los cambios en los mercados y es tan
grande la competencia que un factor clave de
supervivencia para las empresas será su
capacidad de gestionar el cambio. Y en la
mayoría de los casos, son ciertas personas al
interior de la propia organización quienes lo
impiden.

Once
Si los gatos seguidores del Dinosaurio están
muy bien organizados o, incluso peor,
adoctrinados contra cualquier cambio,
nuestro deber será desordenar esta lealtad
mal entendida. Imagínese la sensación de
frustración que sentirás. Nosotros, como
búho asesor queremos hacer un cambio
organizacional para salvar el empleo de
perros, gatos, tortugas y dinosaurios. Pero
quizás rencillas del pasado con el gerente
tortuga han generado un grupo que se opone
a todo al interior de la empresa. Tendremos

que ejecutar acciones que los dividan, sino tanto ellos como mostros haremos cerrar la empresa. En situaciones como esta necesitaremos confirmar el apoyo de los dueños de la empresa, especialmente para definir las inversiones que tendremos que hacer. Estas inversiones pueden ser la de crear un puesto, con mejor sueldo, para el gato más capaz que encontremos. Esto generará una división al interior del grupo que se opone, pero puede lograr que suban las ventas o que bajen los costos, logrando recuperar el aumento de sueldo en un período tan corto como un año y ganando además que algunos supuestos opositores se vayan sumando a la cultura del cambio organizacional.

Doce

Es muy importante que convenzamos al directorio de la empresa (dueños) acerca de los beneficios de tomar algunas acciones legales contra el líder de los que se oponen, en paralelo a las acciones que sumen a sus seguidores. Muchas veces el principal problema que tenemos se da justamente con los dueños, porque asocian que cualquier demanda legal será perjudicial, impidiéndonos el debilitamiento del grupo opositor. Esto ocurre porque los dueños a veces buscan desligarse del cambio en caso que fallemos. Pero esta falta de compromiso con los ajustes necesarios solo producirá una profecía auto cumplida. Debemos ser muy claros en los acuerdos iniciales con el directorio y estar seguros hasta donde ellos están dispuestos a apoyarnos.

En caso que veamos que solo nos contratan como una forma de auto justificarse con los accionistas, pero no están comprometidos con el cambio, recomiendo no trabajar en esta empresa. Ya que el fracaso del cambio, por muy jugosa que sea la paga, solo ensuciará nuestra imagen profesional. A menos claro, que busquemos aprender cómo funciona la industria o generar redes en su interior. En ese caso diría que, si recomiendo tomar el trabajo, pero sin mentir, dejándole claro al directorio que evaluaremos periódicamente el avance para detenernos en caso de divergencias internas irreconciliables.

Ahora que tenemos las reglas claras y suponiendo que tenemos el apoyo del directorio se debe pasar a un trabajo constante de joyería. Debemos aparecer inesperadamente en lugares donde se reúne el dinosaurio con sus gatos. Podemos relacionar alguna actividad de clima organizacional a nuestra aparición. Como el saludo de cumpleaños de algún gato o del mismo dinosaurio.

Trece
Hasta acá, he realizado recomendaciones para hacer el cambio suponiendo que nuestra evaluación previa nos mostró que todas las condiciones eran favorables a la tortuga, y que solo se necesitaba confirmar el apoyo del directorio a la tortuga para que fuéramos aplicando técnicas de unión al interior de la empresa. En un caso así, es probable que nos encontremos con este cuadro:

Cuadro 4: liderazgo de tortuga domina a dinosaurio

4.a. la tortuga gerente	4.b. del dinosaurio adversario

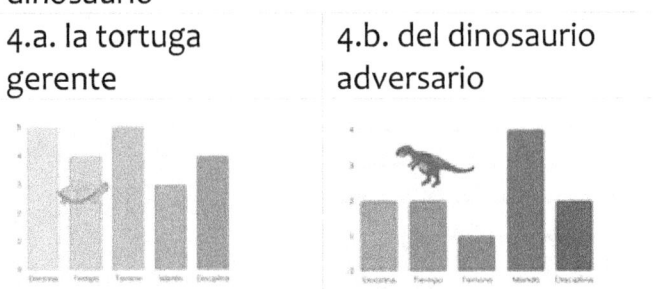

Fuente: elaboración propia

Catorce

Pero, se podría dar que la estimación inicial muestra lo contrario, es decir, se presenta un dinosaurio líder de la oposición a los cambios, con una fuerza superior a la tortuga. Es decir, se puede dar que los cinco factores tienen una mejor evaluación para el dinosaurio. En este caso debemos tener consciencia que son mucho menores las posibilidades de hacer el cambio organizacional. Pero las posibilidades serían mucho menores en caso de no haber realizado esta evaluación inicial. Por eso cruzar el sociograma con los cinco factores del liderazgo permiten tener una situación inicial muy clara y por lo tanto conocer inmediatamente las posibilidades de hacer el cambio tanto eficiente como eficazmente.

Capítulo dos: Cuando comenzar el cambio organizacional

Uno

Ahora que ya hemos realizado el diagnóstico debemos elegir muy bien el momento para hacer el cambio organizacional, así como su duración. En este punto resaltaré que, si hacemos cambios radicales, como un nuevo organigrama, un emprendimiento interno o una internacionalización no es conveniente demorarse mucho. Porque, aunque todo esté resultando bien, de continuar por mucho tiempo, se terminarán desanimando y esto podría amenazar el éxito de los cambios logrados.

Debemos tener mucho cuidado en definir previamente cuanto presupuesto tenemos aprobado para invertir. Además, debemos saber con cuantas personas contaremos para gestionar, o al menos en que horario podremos contar con ellos y durante cuánto tiempo. En caso que no lo tengamos claro, se podría dar que se desgaste el apoyo al cambio organizacional.

Dos

En caso que los cambios se judicialicen, es decir, se gastemos mucho dinero pagando demandas y los abogados necesarios para seguir los casos, debemos detenernos. Judicializar un cambio organizacional solo trae un empeoramiento del clima laboral y podría darse que será perjudicial para la imagen pública y reputación de la empresa. Por eso es necesario valorar las potenciales demandas que nos hagan o que hagamos para valorar el presupuesto judicial del cambio organizacional. Se puede obtener de información pública del costo por demandas en empresas que han realizado cambios similares. Sería bueno que se hable de estos temas tan delicados con el directorio y con el gerente tortuga. Hablar de esto es muy necesario, porque la aversión al riesgo de parte de los diferentes miembros del directorio puede ser muy diferente. Una forma de sondear la aceptación de los miembros es presentar el costo de algunas demandas de otras empresas. También se puede valorizar y demostrar cómo se compensará este costo del ajuste organizacional, pudiendo ser las mayores ventas de la diversificación u otro beneficio generado gracias al cambio organizacional.

Tres

Otro elemento conveniente de analizar antes de embarcarse en recibir demandas laborales, es prepararse para ver lo peor de la naturaleza humana. Porque incluso muchos de nuestros colaboradores, gente a favor del cambio e incluso algunos miembros del directorio nos pueden quitar el apoyo o incluso demandarnos para despedirnos sin aviso ni pago. Porque como dice el refrán "El que a hierro mara, a hierro muere". Y si nuestros colaboradores están desanimados o con cierta inseguridad por las acciones legales en nuestra contra, no tendrán ningún problema en testificar en nuestra contra. Por eso debemos desear lo mejor, pero siempre estar preparados para lo peor, aunque tengamos consejeros sabios apoyándonos con anterioridad.

Por eso, podemos estudiar cambios organizacionales de otras empresas que pueden ser repentinas o torpes en su aplicación. Pero será muy difícil que sepamos de un cambio organizacional que se aplique por mucho tiempo. En especial si leemos la experiencia acumulada que se puede obtener de diversas biografías por parte de grandes líderes de la historia universal. Incluso este manual es un ejemplo de esto, donde estoy ajustando la experiencia militar de un general a los cambios organizacionales de dos mil quinientos años después.

Cuatro

Para realizar el cambio organizacional se recomienda recordar una expresión antiquísima y que nos invita a realizar el cambio, por muy profundo que sea, lo más rápido que podamos. Esta expresión es la siguiente "sé rápido como el trueno que retumba antes de que hayas podido taparte los oídos, veloz como el relámpago que relumbra antes de haber podido pestañear". Por eso al gestionar los cambios organizacionales debemos saber que aquellos que no valoran bien los costos judiciales del cambio organizacional es muy probable que tampoco hayan valorizado los beneficios esperados del cambio organizacional.

Si vamos a implantar el cambio organizacional, debemos hacerlo con pericia. Es decir, no debemos darle ajustes muy complejos al gerente tortuga o a otro perro o gato que nos esté apoyando. Tampoco debemos dar incentivos económicos dos veces o a demasiados grupos de personas con un mismo objetivo de cambio estratégico. Para ser más claro, la idea es que, si vamos a mejorarle el cargo a un gato para que nos apoye en el cambio estratégico, tendremos que hacerlo solo una vez. Además, si ya hemos realizado un ajuste dentro de un área, de los perros o gatos, no debemos volver a este grupo para hacer nuevos cambios. Esto podría generar la idea de desorden o falta de seguridad en los cambios aplicados. Esta explicación sirve para reafirmar la importancia de una buena evaluación inicial con las estrategias de implementación del cambio asociadas.

Cinco
Al hacer los cambios iniciales usaremos los recursos que nos fue aprobado previamente. Pero la idea es que después usemos los recursos de los opositores para financiar los cambios que lideramos. Esto quiere decir, que debemos intentar usar las oficinas donde se juntan los que se resisten y no quieren dar ideas para que la empresa sobreviva. O debemos evaluar si a alguno de los opositores

están recibiendo algún beneficio económico y redirigirlo hacia aquellos que si apoyan. El tiempo es otro recurso que se debe quitar a los que se oponen y reorientarlo hacia aquellos que están siendo un mayor apoyo. Podría ser que en horarios en que el líder opositor se reunía con varios funcionarios sea mantenido, pero le ofrezcamos a los que nos apoyen, sean gatos o perros, que se vayan más temprano a sus casas. Porque la experiencia me ha demostrado que casi todos los trabajadores valoran al menos tres cosas: EL tiempo con su familia; los aumentos de sueldo u otros beneficios económicos, así como sentirse reconocidos en el trabajo.

Ya que, si tomamos los recursos con que cuenta la empresa y a esto le sumamos recursos económicos, personales o de tiempo de parte de los grupos opositores, estaremos bien abastecidos para proceder con el cambio organizacional. En caso que solo destinemos los recursos aprobados por el directorio, estos se pueden agotar muy rápido quitándonos fuerza y velocidad para hacer el cambio.

Como expliqué en párrafos anteriores, el tiempo es un recurso del que muchas veces no estamos conscientes. Por ejemplo, si gastamos muchos recursos económicos en trasladar al personal para trabajo en equipo se podrían agotar los recursos económicos. Y mayor será el derroche de recursos económicos mientras más grandes sean los desplazamientos del personal. Una idea alternativa es usar los actuales medios de comunicación que ahorran estos costos: Cómo whatsapp; Youtube; Facebook o simplemente emails para mantener a los grupos en contacto. Un efecto negativo adicional del derroche de tiempo en desplazamientos, es que tendremos menos recursos para premiar a los gatos y perros que nos sigan. Esto se traducirá en que sentirán que cuentan con menos beneficios que antes, con la consecuencia evidente de la pérdida de respaldo.

Otros factores que deben incentivarnos a ocupar los recursos de aquellos que se oponen en vez de agotar los que nos han facilitado por parte del directorio serán expuestos desde diferentes perspectivas. Si se agotan los recursos, se puede dar que todos los beneficios se asocien a nosotros, el búho, generando envidia en la mayoría de la organización. Por eso demorar mucho los cambios organizacionales solo tendrán consecuencias negativas. Especialmente, si pensamos que cualquier cambio rápido o lento siempre tendrá algún grado de efectos negativos. Pero si lo demoramos, le dará más tiempo al dinosaurio y sus opositores para descalificar los cambios o a los que trabajan en él.

Seis

Para hacer los cambios, debemos tener mucho cuidado de cuidar nuestra imagen. Sabemos, cómo Búho, que están todos los ojos mirándonos y algunos de ellos con ganas de que fallemos. Por eso debemos ser muy sobrios y austeros en los gastos que hagamos en público. También debemos recomendarle al gerente tortuga que cuide su imagen respecto a los gastos que pueda hacer y que se hagan públicos. Como dije anteriormente, uno de los elementos que más les importan a todos los funcionarios, es buscar aumentos de sueldo. Por eso, sería casi como una provocación que los trabajadores nos vean gastando o despilfarrando dinero, sin importar si estos recursos provienen de la empresa, de nuestros propios sueldos o incluso de algún crédito que nos hayamos conseguido.

Los gatos que típicamente hacen los líderes de la gestión del cambio o los gerentes que apoyan estos, y que juegan en contra pueden ser varios. Podría ser que publiquen en Facebook sus maravillosas vacaciones por Europa en Facebook. O podrían comprarse el auto más caro del país, resaltando en el estacionamiento las diferencias salariales. He visto gerentes diciendo que se están evaluando los presupuestos, pero la comunidad se da cuenta que tienen ropa importada de Italia. O en el almuerzo se pueden jactar de los regalos de oro a su esposa o a sus hijos, siendo una tremenda estupidez, por la animadversión que puede generar. También se podría dar que estamos haciendo el cambio y conteniendo los gastos o inversiones dentro de la empresa, pero de forma paralela se hace público que estamos haciendo una ampliación de nuestra casa. Todos estos pequeños mensajes contradictorios con nuestro discurso de austeridad pueden mermar la probabilidad de éxito del cambio organizacional. Al hablar con el directorio y con el gerente tortuga debemos advertirles de esta situación, porque podría darse que alguno de ellos nos diga que no está dispuesto a ceder y que, si quiere gastar, lo hará igual. Creo que esto puede ser negativo, porque hoy en día con las redes sociales y la denuncia pública todo se sabe y muchas veces es tergiversado. Entonces, como parte de nuestra planificación del cambio, debemos estar preparados con una respuesta adecuada en caso que se sepa de los gastos del directorio o del gerente.

Siete
En consecuencia, si nuestro equipo de gestión del cambio es inteligente planeará desproveer de recursos personales, económicos o de tiempo con que cuente el dinosaurio y todos los gatos que lo sigan. Cada bono que dejen de percibir, Cada hora de libre disponibilidad que dejen de tener o cada funcionario que deje de cooperarles se debe multiplicar por veinte en caso que pasen a nosotros.

Así pues, lo que le puede quitar fuerza a la resistencia al cambio es la imprudencia del dinosaurio y sus gatos seguidores. Imprudencia si se jactan del tiempo libre que tienen, de los beneficios que reciben por parte de la empresa o de la cantidad de gatos que se oponen al cambio. Justamente en la vereda del frente, El gerente dinosaurio y los perros que nos apoyen tendrán como motivación el recibir estos beneficios. Pero no es que gastemos más, sino que le daremos a nuestro equipo de gestión del cambio los beneficios de los opositores. Los beneficios pueden ser tener: el tiempo de libre disponibilidad de ellos; recibir los bonos que tenían o sumar a algunos gatos que se oponían el equipo de gestión del cambio.

Entonces, cuando le demos premios económicos o de tiempo a nuestro equipo debemos ser muy claros en que provienen de aquellos que se oponen. El efecto que producirá esto, es que los perros y gatos que se han sumado, trabajarán más duro por implementar el cambio organizacional por su propia iniciativa. Lograremos así un doble impacto final, ya que se trasladará la fuerza e influencia del dinosaurio opositor a nuestro equipo que gestiona el cambio. Quizás por eso se dice que donde hay grandes incentivos se pueden encontrar excelentes colaboradores.

Por consiguiente, si los opositores tienen mucho tiempo libre, debemos premiar primero a los seguidores que le asignen más labores orientadas al cambio a estos opositores. Si el dinosaurio y sus gatos que se oponen se jactan de los beneficios económicos que usan a costa de la empresa, debemos premiar las ideas de nuestro equipo que reasignen estos recursos hacia aquellos que apoyen los cambios. De hecho, en este caso sería ideal que se le de esta mayor asignación al gato que comience a apoyar el cambio, para que su ex líder dinosaurio no se pueda oponer abiertamente.

Debemos ser selectivos en el destino de las recompensas económicas o humanas, porque si repartimos a diestra y siniestra no habrá suficiente para todos. En cambio, si le damos un gran beneficio a alguno de aquellos que nos apoyan o que se han sumado recientemente, le daremos un tremendo mensaje a toda la organización respecto de nuestra forma de actuar. Logrando con esto, animar al resto de la organización para que se sumen al cambio.

Ocho

En caso que algunos gatos opositores se vayan sumando a nuestro equipo será conveniente darle ciertos distintivos exteriores que demuestren que se ha sumado. Podría ser una piocha, una chaqueta institucional u otro elemento exterior que ya esté usando el equipo con que trabajamos. Al estar mezclados los que apoyan desde el principio, con los que se han ido sumando tendrá mayor impacto en el resto de la organización. Estos gatos que recién se han sumado partirán con recelos, por las barbaridades que el dinosaurio pudo haberles dicho acerca de nosotros, por lo que recomiendo que los tratemos bien y escuchemos con mucha atención las ideas que nos puedan dar. Incluso sería ideal que alguna de sus ideas se lleve a cabo en caso que nos parezcan buenas para lograr el cambio organizacional. En caso que estos gatos recién sumados vean con hechos concretos que los queremos sumar, podremos lograr que en el futuro sean promotores del cambio. A esto se le llama doblarles la mano a las ideas opositoras e incrementar por defecto la fuerza de tus ideas de cambio. Quiero destacar que generalmente los conflictos se deben a ideas que parecen contrapuestas, no a personas, ya que los seres humanos podemos y tenemos el derecho a cambiar de opinión. Resalto que no estamos contra un dinosaurio opositor y sus gatos, sino que estamos actuando para debilitar la idea que está detrás del cambio y por lo tanto que impide la adaptación organizacional a competidores hostiles o al cambio de preferencias de nuestros clientes.

Si estos gatos que se han unido recientemente a nosotros comienzan a liderar los cambios organizacionales se producirá un efecto muy positivo. Porque los gatos y el dinosaurio que aún se oponen verán nuestra disposición a incluirlos, ya que generalmente la gente dice expresiones como "Los jefes no nos escuchan ni hacen lo que se debe realmente". Lograremos así debilitar las ideas contrarias con las mismas fuerzas que la sostenían. Esto nos dará fuerza en las otras áreas de la organización donde vayamos.

Así pues, lo más importante del cambio organizacional es lograr el resultado esperado lo más rápido posible y no la persistencia en implementar el cambio. La persistencia no será beneficiosa para nosotros. Porque las diferencias de ideas se pueden convertir en diferencias de personas generando un clima organizacional muy malo. Un equipo de gestión del cambio debe tener muy claro los objetivos y su forma de medirlos, sino se pueden volver adictos al cambio sin esperar ningún beneficio para la empresa. Y un equipo apasionado es como el fuego, si no lo apagamos, se consumirá por sí mismo. Por lo tanto, como búho líder de la gestión del cambio debemos tener muy claro que el gerente tortuga está a cargo del empleo de todos sus funcionarios. La seguridad de su trabajo, así como de las familias asociadas a ellos depende que se lleven a cabo los cambios con excelencia, eficiencia y eficacia, pero especialmente con rapidez.

Capítulo tres: Cómo saber del éxito del cambio o de su fracaso

Uno

Como regla general es mejor conservar al Dinosaurio líder de la oposición a los cambios en vez de desvincularlo. Es mucho mejor sumar a todos los gatos que trabajaban con el dinosaurio, logrando así que ellos mismos dominen al que antes los manejaba a su gusto. Justamente a esto le llaman artes marciales, porque no es un arte de ataque sino de defensa, que usa la fuerza del adversario a su propio favor. Entonces debemos calcular quienes constituyen la fuerza del adversario. Puede ser un discurso idealista, muchos seguidores, ofrecimiento de mejoras económicas, mejor trato del líder opositor que el obtenido con el gerente o con los dueños. Pueden ser muchos factores y debemos conocerlos y listarlos para irnos apropiando de ellos gradualmente.

Entonces el líder opositor irá perdiendo su ánimo y dirección, de manera que no se desvincule a nadie, nadie salga perjudicado, pero logrando el gran objetivo: que las ideas que se oponen al cambio sean inservibles. A esto se le llama lograr el cambio organizacional sin empeorar el clima. Incluso puede que mejore el clima por efecto de conectar las necesidades del personal con los objetivos estratégicos de la empresa. Para profundizar en la idea, explicaré a continuación lo que ocurriría en caso contrario. Si desvinculamos a un gran grupo de gatos opositores y demandamos al líder opositor, representado en este manual por el dinosaurio, todo esto es ganar empeorando el clima organizacional y seguramente a un alto costo económico y reputacional. A esto se le llama implementar el cambio organizacional por la fuerza.

Por eso nos contrataron a nosotros, el búho. Porque los que logran implementar el cambio organizacional por la fuerza no son buenos profesionales. Los buenos son los que consiguen que los gatos opositores se sumen a los perros partidarios liderados por el gerente tortuga, dejando impotente al dinosaurio. Porque los que logran los cambios de esta manera son los maestros de la gestión del cambio. Son maestros sin tener que ser magister precisamente.

Dos

Los Búhos maestros en la gestión del cambio, aplican estas técnicas antes que el dinosaurio ni siquiera alcance a planificar acciones en contrario. Por eso se dice que lograr un cambio organizacional desvinculando o demandando no representa a un buen maestro del cambio. Incluso peor, se podría dar que tengamos una larga negociación colectiva, con huelga incluida, donde se incluya el tema del cambio organizacional. Esto sería lo peor que podemos hacer y solo tendríamos que estar dispuestos a correr este riesgo si el último recurso que nos queda. Ya que necesitaremos por lo menos tres meses para evaluar los recursos necesarios y otros tres para coordinar al equipo de gestión del cambio en estas circunstancias tan adversas, así como las consecuencias que puedan dejar.

Nunca debemos permitir que el gerente tortuga aplique un cambio por ira o simplemente porque está apurado. Es aconsejable tomarse más tiempo en planificar y coordinar respecto del tiempo que destinaremos a aplicar el cambio. Por lo tanto, espero que este manual lo ayude a usted, Búho maestro del cambio, en lograr con éxito el cambio sin grandes problemas económicos o de clima laboral. Usted debe lograr todo, venciendo las ideas opositoras, implementando el cambio en las diversas áreas de la empresa y sumando a los que se oponían, sin dedicar a esto mucho tiempo.

Este arte de implementar el cambio con éxito se debe lograr de la siguiente forma:

a.   Debemos impedir que la planificación de aquellos que se oponen se ponga en marcha. Para eso debemos impedir que hagan alianzas con otros grupos de poder. Estos grupos de poder pueden ser los siguientes: otros gremios; otros sindicatos; clientes molestos con la empresa; organizaciones de gobierno que nos puedan fiscalizar; grupos políticos que representen la zona geográfica donde se está implementando el cambio.

b.   Debemos cortar los recursos con que cuentan los opositores. Estos recursos pueden ser humanos, materiales o de tiempo. Concretamente, debemos impedir que los grupos opositores destinen dinero de la empresa a inversiones que no apoyen el cambio. Debemos quitarle cualquier recurso extraordinario que reciban al interior de la empresa a menos que se destine a apoyar el cambio organizacional.

c.   Impedir la planificación, como el corte de recursos se debe hacer en paralelo con todos los grupos que se estén oponiendo al cambio. Porque si no les daremos tiempo para reunirse con su líder dinosaurio y probar diversas estrategias que nos distraigan.

Cuando describo estas técnicas de cambio organizacional siempre lo hago pensando en el bien general y espero que como búho recordemos siempre apegarnos a la ley laboral y a un código ético básico. Nunca se debe suponer que estoy insinuando hacer algo ilegal o mal intencionado, porque entre varios aspectos negativos, solo provocaría que perdamos el apoyo de los dueños, del gerente tortuga, de los perros que nos apoyan o de todos los anteriores. Incluso peor, podría ser que estas acciones inmorales o ilegales le den más fuerza al dinosaurio con los gatos opositores.

Implementar el cambio organizacional con éxito se logrará cuando los opositores comprendan los beneficios del cambio. Se sumen a los que están implementando el cambio con el gerente tortuga. No debería empeorar el clima laboral, ni destinarse mucho tiempo o recursos para lograr su implementación. Porque cada acción que traten de hacer aquellos que se opongan son impedidas por estas estrategias.

Tres
Las acciones que debemos recomendarle al gerente tortuga dependerán de la proporción de personas a favor y en contra del cambio organizacional:

A.   Rodear si somos mayoría: Así pues, si la mayoría del personal es perro y son diez a uno sobre los gatos opositores debemos hacer grupos de trabajo que sumen gatos a diversos grupos de perros. Logrando así que la mayoría optimista pueda mostrarles a los opositores por separado de la conveniencia que traerá el cambio. Con esto además lograremos dejar en un grupo de optimistas al dinosaurio opositor. En este último caso recomiendo que el dinosaurio quede en un grupo con el gerente tortuga para que se escuchen mutuamente y logren llegar a los acuerdos que sean necesarios en la medida que no nos aleje demasiado del cambio organizacional esperado. Incluso muchas veces la oposición al cambio podría deberse solo a un mal entendido.

B.   Enfrentarlos si somos un poco más: Si la proporción de personal a favor solo es cinco veces superior, conviene aplicar el máximo rigor de la ley a los que se oponen. Para dejar muy claro que el cambio viene en serio.

C.   Dividirlos si los superamos por poco: En caso que el personal que esté a favor solo sea el doble de los que se oponen conviene aplicar el cambio con solo una gerencia y no con toda la empresa. Este plan piloto también nos servirá para ver cómo reaccionan los demás.

D.   Defensa legal si somos iguales en número: En caso que la cantidad de personal a favor sea igual en número a los que se oponen debemos estar preparados porque nuestra sola contratación para hacer el cambio generará un incentivo para que el dinosaurio comience a organizar acciones contra un posible cambio organizacional.

E.   Prepararnos para boicot si somos menos: En caso que el personal que apoya al gerente tortuga es minoritario respecto del personal que apoya al Dinosaurio, líder contrario a cualquier cambio, debemos estar preparados porque el menor error comunicacional que tengamos nos traerá la peor reacción por parte del personal. En este último caso conviene mantenernos alejados del líder, así como de sus seguidores. Debemos evitar cualquier intercambio de ideas, porque el dinosaurio tratará de convertirlo en un supuesto enfrentamiento. La prudencia y firmeza de hasta un pequeño grupo de perros convencidos juntos a su gerente tortuga puede llegar a cansar y dominar a numerosos grupos de gatos liderados por el dinosaurio.

Todas las recomendaciones anteriores suponen que los cinco factores del liderazgo son equivalentes, entre la tortuga y el dinosaurio. Pero se pueden dar situaciones diferentes. Si el equipo de perros está alineado con el gerente tortuga. Los gatos que estaban de acuerdo con el dinosaurio se encuentran peleados o desmoralizados. Y además la tortuga está muy motivada con el cambio organizacional. Entonces, aunque la mayoría de la organización esté en contra de hacer el cambio, se recomienda comenzar las acciones de gestión del cambio rápidamente.

Como consejo contrario, si los perros, la tortuga y las ideas iniciales de implementación del cambio tienen menos fuerza que las ideas del dinosaurio, entonces debemos retirarnos y buscar una salida para evitar cualquier problema al interior de la empresa.

En esa misma línea, si el equipo de cambio tiene menos adeptos iniciales, pero es porfiado y trata de implementarlo igual tendrá un fracaso brutal, porque solo generará mayores divisiones y con seguridad empeorará el clima laboral y la comunidad asociará nuestra llegada a puras emociones negativas. Haciendo mucho más difícil implementar el cambio en el corto plazo.

Cuatro
Por todos estos ejemplos expuestos hasta ahora es muy conveniente que el equipo que organicemos para implementar el cambio haga una valoración muy clara respecto de la

fuerza que tiene al interior de la empresa. Si nuestro equipo es minoritario y se atreve a tener problemas con la mayoría que se opone a los cambios, por mucho que tenga psicólogos que los apoyen o abogados que los defiendan, inevitablemente terminarán eliminando cualquier posibilidad de cambio. En esta última situación, sirve mucho el antiguo refrán "Si no eres fuerte, pero tampoco sabes ser débil, serás derrotado".

Cuando un directorio nos contrata para organizar un cambio organizacional, no debemos olvidar que somos servidores de toda la empresa. Si hacemos una buena implementación del cambio, todos los funcionarios tendrán mayores beneficios, incluso a los gatos que se oponían inicialmente. Pero si hacemos mal el cambio, también los debilitaremos a todos, incluso a los perros que nos apoyaban desde el inicio.

Así pues, existen varias maneras en que algún miembro del directorio puede llevar al desastre nuestras estrategias para aplicar el cambio organizacional junto al gerente tortuga y sus perros:

A.   Podría ser que alguno de los dueños le diga al gerente tortuga que junto a sus perros implemente el cambio a pesar de tener todos los factores en contra. O les puede decir que sigan insistiendo con el cambio a pesar de que deberían retirarse. A esto se le llama inmovilizar al gerente tortuga, porque este gerente con el temor a perder su trabajo no seguirá nuestras instrucciones y hará lo que le pida este miembro del directorio. Nos tendrá a nosotros, el búho dándoles una orden y a un miembro del directorio dándole otra.

B.   Cuando un miembro del directorio decide compartir en igualdad de mando al equipo de cambio del gerente, solo se producirá confusión al interior del equipo que está gestionando el cambio. Porque un gerente tortuga difícilmente se atreverá a descalificar una idea proveniente de su empleador. Peor aún será para nosotros, búhos a cargo de la planificación contratados por el directorio, ya que si diferimos podríamos perder la asesoría. Pero si no impedimos estas acciones con anticipación, igual fracasará la idea de cambio. Dada la constante vacilación y confusión de mando por parte de los funcionarios seguidores que en este manual he representado con los perros.

C. Otra forma en que los dueños simbolizados con el directorio de una empresa pueden hacer fracasar la estrategia de implementación del cambio es cuando ellos ocupen los mismos métodos políticos que usan con el resto de accionistas, pero con aquellos funcionarios que se oponen a los cambios. Porque una cosa es negociar con pocas personas que quieren maximizar el valor de la empresa dentro de un directorio, la cual es totalmente distinta al buscar acuerdos al interior de la empresa donde tienden a predominar las emociones de miedo, más que la racionalidad económica.

Cinco
Tendrán éxito en la implementación del cambio aquellos equipos que se sepan cuando avanzar o discernir cuando detenerse. El búho debe estar muy atento para decidir recomendarle al gerente tortuga que participen muchos o pocos funcionarios perros leales. Para eso debemos ser muy selectivos en elegir a funcionarios leales que estén convencidos de la necesidad del cambio. Y además estos funcionarios leales deben tener el mismo objetivo a ejecutar previamente planificado. Así se podrá

comenzar con el cambio tomando desprevenido a los que se oponen o podrían oponerse. Igualmente debemos estar seguros que el gerente tortuga tiene las competencias y liderazgo necesarios. Este gerente debe contar con el mismo respaldo que nosotros y no estar limitados por la intromisión constante de algún miembro del directorio.

Con todos estos elementos anteriores podremos saber las probabilidades de éxito para implementar el cambio organizacional. Siendo un caso extremo de fracaso aquel en que el accionista mayoritario o dueño de la empresa da las ordenes en todo. En este caso recomiendo no hacer el cambio y dejar esto por escrito para el directorio. Porque si el dueño se mete en todas las decisiones y trata de dar órdenes para cada acción, llegará el día en que ocurra un problema grave llevando al paroxismo al equipo de cambio. Para cuando aparezca el dueño a resolver el problema probablemente ya sea muy tarde y el daño de imagen de nuestro equipo sea tan grande que no podamos continuar.

Seis
El conocimiento de los equipos que apoyan el cambio se debe contrastar con la información

que tengamos del grupo que se opone, porque:

A.   Si conocemos a nuestro equipo de gestión del cambio, con su gerente tortuga y funcionarios perros, y además conocemos a los que se oponen, estaremos seguros en cada acción planificada. Por conocerlos me refiero a saber sus intereses, quiebres y preocupaciones. Pero conocerlos con un interés real, no como un medio utilitario, porque nadie abrirá su corazón a un líder manipulador o distante.

B.   Si vamos a implementar el cambio y conocemos bien al equipo que nos apoya, pero no sabemos cómo es el sociograma y liderazgo de los opositores tendremos éxitos y fracasos constantes. Porque, aunque nuestra planificación interna sea excelente, siempre las redes de influencia opositoras nos pueden sorprender.

C.   Y el peor de los casos es cuando nos pidan hacer un cambio rápidamente sin tener un sociograma de nuestro equipo y con total desconocimiento de aquellos que se oponen. En esta situación, cualquier cosa que hagamos correrá el riesgo de fallar impidiendo el trabajo que nos han solicitado y, por lo tanto, arriesgando la supervivencia de la empresa.

Capítulo cuatro: Cómo distribuir los recursos

Uno

Antes de hacer el cambio y distribuir los recursos humanos y económicos debemos entrenar muy bien a nuestro equipo de gestión del cambio. Me refiero al gerente tortuga y a los seguidores seleccionados. Porque debemos primero tener un equipo que esté preparado para todos los posibles escenarios antes de asignarlos a ejecutar alguna acción. Una vez que estemos seguros que nuestro equipo es invencible, recién pasaremos a analizar las bases que se resisten al cambio. Y en esta segunda etapa deberíamos analizar la vulnerabilidad que pueda tener esta resistencia.

Esta invencibilidad, en términos prácticos significa que no sacamos nada en comenzar un cambio organizacional si el equipo de cambio no está preparado. Me ha pasado que el equipo de cambio nos fue impuesto, por lo que debemos entrenarlos antes de apoyarnos en ellos para el cambio. Sino a la primera crítica o rumor contra el cambio, nuestro equipo perderá fuerza porque no saben cómo enfrentarlo. Otro factor que explica la falta de invencibilidad, es cuando los perros que simbolizan a los funcionarios con probabilidad de apoyar, son realmente gatos opositores. O son perros que no creen o entienden que el cambio les sea favorable a sus intereses personales.

Dos

La vulnerabilidad del equipo que se opone al cambio, que ejemplifico como el dinosaurio y sus gatos, se basa en conocer los puntos débiles del discurso contrario al cambio. En mi experiencia casi siempre el problema es comunicacional, con menos probabilidad ideológica o simplemente que se acostumbraron a recibir sueldo sin darle valor a la empresa y que expondré a continuación:

a.   Cuando la oposición al cambio es un tema comunicacional, generalmente se debe a que los funcionarios no entienden que el ajuste organizacional puede significar que mantengan o pierdan sus puestos laborales. O puede ser que el equipo no sepa las maneras en que el cambio los beneficiará con mejores sueldos, más tiempo con sus familias o un mayor aporte de la empresa a la sociedad.

b.   Cuando la oposición es de orden ideológico, este es un caso complejo porque podría darse que algún partido político esté tratando de instalar su corriente de pensamiento dentro de la empresa y el desafío para nosotros será evitar que nos identifiquen con la corriente opositora. Porque así el dinosaurio opositor hará resistencia al cambio de forma indirecta. Reunirá a todos los gatos contra el pensamiento ideológico que supuestamente representamos y que obviamente instalará como contrario a sus intereses. Por eso es tan importante conocer cuál es la ideología que representa el dinosaurio. He visto discursos ideológicos de ultra izquierda que se oponen a cualquier cambio que provenga del supuesto jefe que ellos piensan que es de derecha. Pero también he visto algunos dirigentes que tienen un discurso de ultra derecha y que unen a los gatos contra el jefe supuestamente explotador que solo los usa. En este caso recomiendo separar muy bien las corrientes ideológicas o político partidistas del cambio organizacional. Porque la supervivencia de una empresa se debe dar independiente del gobierno que tenga el país en cuestión.

c.   Cuando la vulnerabilidad proviene de un miedo al cambio que dejará expuestos a gatos que no hacen aporte a la organización y que son justamente la causa de pérdida de competitividad de la empresa, recomiendo preparase y evaluar el costo de capacitar o indemnizar a este grupo o al menos a algunos de ellos. Porque alguien que no quiere y no puede hacer cambios solo desgastará al equipo de gestión y a nuestro propio liderazgo.

Redundando quizás en la introducción de este capítulo, antes de asignar ningún recurso debemos asegurarnos que nuestro equipo es invencible y luego descubrir los puntos vulnerables de las ideas que se oponen al cambio. Hacernos invencibles significa conocer muy bien el liderazgo que tenemos, así como los intereses, quiebres y preocupaciones del equipo que nos apoya. En cambio, esperar para conocer la vulnerabilidad del dinosaurio opositor, significa conocer estos mismos elementos dentro de su equipo de gatos contrarios al cambio. La invencibilidad nace del liderazgo del gerente tortuga, la vulnerabilidad nace del liderazgo del dinosaurio. Esto explica que nosotros, que estamos asesorando y que representamos al búho experto, debemos reconocer que nuestra propuesta puede ser invencible, pero la vulnerabilidad de la resistencia al cambio dependerá de otros, no podemos hacer que sean vulnerables.

El dinosaurio y sus gatos adversarios podrían tener muchos elementos que jueguen a su favor. Podrían estar favorecidos con leyes que les den fuero y se sientan seguros que nadie los puede despedir. Pueden tener un apoyo de organizaciones externas. O puede contar con el apoyo de los clientes, quienes no dudarían en boicotear las ventas de la empresa si creen que tenemos mal intenciones. Por estos motivos y muchos más, debemos conocer previamente la vulnerabilidad, que puede provenir de alguna negligencia legal o moral del dinosaurio y sus gatos. También puede provenir de diferencias al interior de su grupo. O podemos generarlas nosotros mismos si las damos a conocer. El éxito del cambio puede ser percibido, pero es difícil fabricarlo.

El éxito del cambio depende de la defensa que preparemos ante la oposición al cambio, son acciones reactivas. Pero la vulnerabilidad del equipo opositor depende de las acciones que hagamos durante la gestión del cambio, son acciones proactivas. Mientras no conozcamos la vulnerabilidad de las ideas que se oponen al cambio, por lo que debemos resguardar con la mayor confidencialidad toda la planificación de gestión del cambio. Debemos estar muy claros en cuáles son nuestras propias debilidades antes de comenzar, con la finalidad de asegurar una buena implementación.

Se podría dar el caso que el dinosaurio opositor tenga poca experiencia y comience a boicotear el cambio que queremos hacer. Y que aún no hemos hecho nada. Suponiendo, además, que conocemos la debilidad del discurso contra el cambio o una división interna entre los gatos, debemos actuar. Si no es conveniente esperar y ver qué ocurre, para conocer su fuerza real. Defender al equipo del cambio será más importante si contamos con pocos recursos humanos, económicos o poco tiempo para hacer el cambio. En el extremo opuesto, si el directorio nos ha entregado un gran presupuesto, mucho tiempo para hacer el cambio y varios asesores para hacer el cambio, si recomendaría que comencemos el cambio. Defendernos de la resistencia es para una situación de escasez de recursos, pero implementar el cambio de forma activa se hace cuando tenemos abundancia de recursos.

Tres
Al elegir al equipo de gestión del cambio, perros, para que acompañen al gerente tortuga debemos elegir perfiles diferentes para que se complementen entre sí y obviamente recomienden mejores decisiones:
A.   Experto reactivo. El perro experto en defensa generalmente tiene una personalidad más temerosa y sería conveniente que trabaje cerca de gatos que se oponen. Porque este experto en defensa mientras más cerca de los que se oponen, nos podrá advertir si se avecina alguna acción contraria a la supervivencia de la empresa.

B.   Experto proactivo. Generalmente el gerente tortuga tiene la experiencia y el respaldo del directorio para implementar las acciones de cambio organizacional. Esto no es un impedimento para que nosotros, el búho experto o algún otro funcionario asuman esta responsabilidad. Pero asumamos que es la tortuga la elegida. Entonces sería la seleccionada para determinar cuándo y cuantos recursos implementar. El gerente tortuga será entonces el experto proactivo. En este caso recomiendo que esté muy alejado de las áreas donde estemos haciendo gestión del cambio. Al estar lejos de los cambios se pueden obtener varios beneficios. Un beneficio sería que disminuirá la probabilidad que se filtren las acciones que piensa ejecutar. Otro beneficio será que evitemos que tenga un comportamiento que use el dinosaurio en su contra y por lo tanto contra el cambio.

Cuatro
Si nos tocó defender la idea de cambio organizacional, porque le dinosaurio está realizando acciones contrarias debemos proceder de diversas formas: Debemos reunirnos con la tortuga que lidera el cambio y los perros seguidores que participan del equipo de gestión del cambio para que se tomen un tiempo silencio, donde no le cuenten a nadie de lo que pensamos hacer. Debemos también eliminar cualquier información pública o privada de las ideas de cambio. Hablo de mails enviados, de

documentos impresos u otro material que pueda revelar el cambio que pensamos implementar. Esto permitirá descubrir si alguien de nuestro propio grupo está filtrando las formas de proceder que tenemos en mente. Ahora bien, el hecho que el dinosaurio comience acciones contrarias al cambio podría ser una oportunidad para conocer el punto de vista contrario y siendo respetuosos de la diversidad, internalizar estas preocupaciones en nuestra gestión del cambio.

Cuando nosotros decidamos comenzar el cambio con el gerente tortuga y sus perros fieles, estamos en una situación proactiva. En este caso debemos hacer todos los cambios de la forma más rápida posible y con un plan comunicacional muy completo. Aunque parezca una exageración, me gusta mucho la expresión de Sun Tzu cuando dice "Veloz como el trueno y el relámpago, para los que no se puede uno preparar, aunque venga del cielo".

Cinco
Como se ha visto hasta ahora, prever las posibilidades de éxito del cambio organizacional no es algo evidente. Muchas

veces, los miembros del directorio creen que es tan simple como subir el sueldo y despedir. En este último caso, hacer un cambio organizacional despidiendo o demandando no es un éxito de cambio. A un cambio organizacional se le podría llamar exitoso si no hubo despidos, demandas ni ningún enfrentamiento entre los que están a cargo, llegando incluso a sumar a los que se oponían.

Por eso no debemos caer en la trampa del ego si es que todos nos felicitan por la implementación del cambio con grandes costos para la empresa. Si vamos a gestionar el cambio con excelencia realmente debemos ver el mundo de lo sutil y darnos cuenta de aquellas interacciones ocultas. Solo así podremos sumar a los que dudan y hasta a los que se oponen donde nadie entiende como lo logramos. Este mundo sutil se puede detectar de muchas formas: con microgestos, es cuando hablamos con representantes de grandes clientes y vemos que ya los contactaron aquellos que se oponen. O cuando un miembro de nuestro equipo, supuestamente a favor del cambio, publica en las redes sociales su manifiesto desacuerdo.

La sabiduría para implementar el cambio no provendrá de las cosas evidentes para todo el mundo. Y menos aún si este diagnóstico apresurado nos invita a tomar decisiones negativas para implementar el cambio. Sin ser despectivos con los miembros de la organización a quienes entrevistemos debemos recordar que las causas de la resistencia al cambio nunca son evidentes. Porque si fuera tan simple y evidente hacer un cambio organizacional cualquiera lo haría. La sabiduría no proviene de los cinco sentidos que todos tenemos, no se requiere fuerza para levantar un pelo, ni vista aguda para ver el sol o un gran oído para escuchar los truenos. La sabiduría proviene del análisis previo y de la antigua sabiduría que estoy tratando de adaptar a la actualidad en este manual.

No debemos tentarnos por el ego de llevarnos el reconocimiento público. Ya que mientras más público sean los cambios que lideramos más nos reconocerán. Sin embargo, la idea de un buen cambio es aquel en que nadie se da cuenta de lo que paso realmente. Ven el cambio, pero no entienden como lo logramos.
 Seis

Quizás por esto vemos a políticos que destinan toda su vida a su partido, porque saben cómo llegar a acuerdos sin que sea evidente para los demás. Logran implementar el cambio cuando se dan cuenta que es fácil llevarlo a cabo. Si están tratando de implementar el cambio con constantes conflictos internos, esto es un éxito mal entendido. En contrario, si logramos implementar el cambio antes que exista la menor resistencia, lograremos implementar el cambio fácilmente y sin dejar semillas de una potencial reacción en contra con posterioridad. En consecuencia, un indicador de que estamos gestionando bien el cambio se dará cuando nadie destaque nuestra inteligencia u osadía.

Así pues, el éxito en la implementación del cambio no se debe a la suerte ni a la casualidad. Sino porque hemos elegido el momento y lugar para lograrlo con seguridad, imponiéndonos sobre aquellos a los que ya han perdido por su falta de preparación.

Nuevamente, debemos estar conscientes que nuestra principal debilidad puede ser nuestra propia necesidad de reconocimiento. Dominar nuestro ego es la real sabiduría.

Porque lograr el cambio solicitado por el directorio sin grandes repercusiones no son obvias. Este mérito no se anuncia. Si somos capaces de darnos cuenta de nuestras propias debilidades y de las sutilezas que nos pueden jugar en contra tendremos altas probabilidades de tener éxito. Ser inteligente es totalmente contrario a una acción osada. Ya que nadie se da cuenta cuando resolvemos un problema, incluso antes que surja. Así mismo, si se implementa el cambio sin ninguna acción de nuestra parte, nadie hablará de nuestra osadía.

Estas son las recomendaciones que nos llegan desde hace miles de años atrás. Por eso pienso que el magister en administración de empresas, MBA, nos da herramientas para complementarias a estas recomendaciones. Este manual serviría entonces como una especie de mentoría de parte de un gerente experimentado. Así pues, un buen implementador del cambio debe tomar una posición dentro de la empresa que sea una especie de fortaleza contra las ideas adversas al cambio. Y no debería pasar por alto las condiciones que pueden quitarle fuerza o simplemente hacer desaparecer la resistencia al cambio.

Quisiera agregar un ejemplo concreto. En el MBA nos enseñan a valorizar un proyecto a su valor actual neto (por sus siglas, VAN), pero no nos dicen que podemos aplicar el VAN para decidir el reemplazo de un funcionario que se opone al cambio. Por otro lado, nos enseñan estrategias comunicacionales para vender un producto, pero en general tenemos que destinar más tiempo a vender ideas dentro de la misma empresa. En esta misma línea aprendemos técnicas para negociar con clientes o proveedores, sin embargo, las principales negociaciones se darán con nuestras jefaturas o ¡al interior de nuestro propio equipo!

Consecuentemente, un equipo de gestión del cambio logra con éxito el cambio primero y luego comienza con la implementación de la reestructuración. Con la misma seguridad, puedo decir que un equipo fracasará en la implementación si parte defendiéndose contra los que se oponen y recién ahí trata de comenzar la implementación. Esta es la diferencia entre un equipo que planifica su estrategia y los que actúan reactivamente.

Siete

Al leer este manual, espero que aprenda que gestionar un cambio es una labor de mucha responsabilidad. Por este motivo debemos cultivar buenas relaciones al interior de la empresa y con los agentes externos que puedan influir en la resistencia al cambio. Además, debemos apegarnos a la cultura organizacional, porque solo así podremos gobernar el cambio prevaleciendo sobre un dinosaurio corrupto.

Debemos servirnos de la armonía en el clima organizacional para no generar evitar una posible oposición al cambio. Aunque tengamos un diagnóstico positivo que nos permita hacer los ajustes solicitados debemos:

a.   evitar abusar de nuestra autoridad al interior de la organización.

b.   Tampoco debemos tomar medidas drásticas con personal que no puede adaptarse al cambio sólo porque tengan poca influencia en los grupos de poder. Es decir, no debemos ser autoritarios con nadie, ni dejar que nuestro equipo de gestión del cambio abuse de sus ventajas con porteros, secretarias u otro cargo con poco poder dentro de la empresa.

c.   También debemos evitar que la comunidad organizacional vea o crea que estamos gestionando mal los recursos de la empresa. Porque el hecho de contar con ventajas para implementar el cambio será una inmensa responsabilidad que debemos cuidar con mucho cuidado. En efectos prácticos debemos adaptarnos a las costumbres de la empresa, arreglar sus servicios básicos, como servicios higiénicos y zonas donde los funcionarios almuerzan.

d.   Debemos también, aprender y respetar las ideas que provengan del fundador o de aquellas personas que sean respetados como representantes de los valores organizacionales.

e.   Aprenderemos de los errores que se han cometido en el pasado para evitar repetirlos, ya que podríamos cometer algunos, pero sería el colmo no aprender del pasado.

Ocho
Sabremos que todo el equipo de gestión del cambio está alineado a nuestro liderazgo cuando:

A.   Nos sigan en todas las ideas que estamos pensando implementar. Hasta el punto que podría arriesgar su propio trabajo con tal que no cierre o quiebre la empresa

B.   Los premios monetarios y no monetarios, así como las consecuencias laborales estén claras para todos y cada uno. Además, todo el equipo debe estar seguro que aplicaremos los premios o castigos sin ninguna duda en caso que no nos apoyen.

C.   Un elemento adicional es que los jefes que nos estén apoyando, en este caso el gerente tortuga, tengan la libertad de actuar de acuerdo al plan de implementación del cambio. Sin que nos estén preguntando a nosotros, asesor búho o a algún miembro del directorio en cada decisión que deban tomar.

D.   Al coordinarse todo el equipo contra cualquier tipo de ilegalidad o inmoralidad se podrá implementar fácilmente el cambio. Esta coordinación debe incluir a todos los perros seguidores, con el gerente tortuga y con nosotros, el asesor búho.

Nueve

Cinco son las reglas de comparación de disposición o resistencia al cambio: Medición; valoración; cálculo; comparación y éxito. Esto se debe aplicar una vez que hayamos realizado la matriz de poder e influencia que pasaré a explicar a continuación.

Cuadro 5: Creando una Matriz de Poder e interés

5.A. Stakeholders	5.b. Cuadrantes de la Matriz
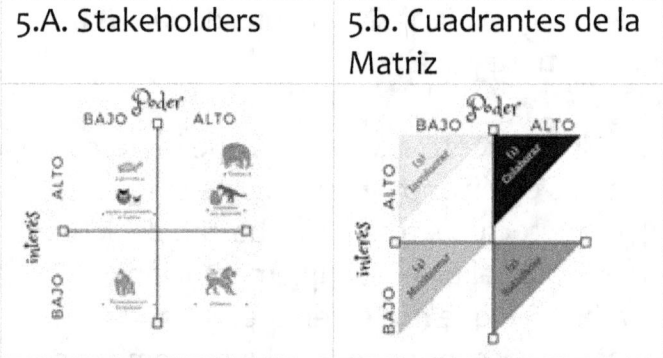	

Fuente: Adaptación de Stakeholder_analysis en wikipedia

Para poder aplicar la medición; valoración; cálculo; comparación y éxito existen múltiples caminos para hacer un buen diagnóstico. Pero he elegido la matriz de poder e influencia porque es muy intuitiva y existe mucha información complementaria con este marco conceptual en internet.

El primer paso que se hace, en 5.A. es reordenar el sociograma inicial y agregar stakeholders o grupos de influencia externos a la empresa. Como se observa de este cuadro están los mismos personajes presentados hasta ahora, pero agregué a tres grupos de interés típicos de cualquier organización: El elefante que representa a los clientes; El gorila que representa a los proveedores y acreedores y al león que representa al gobierno y los entes reguladores que administra obviamente. Para hacer este manual mucho más práctico que lo que he leído hasta ahora al suponer un diagnóstico inicial de poder e interés con cada uno de estos stakeholders.

El segundo paso es escribir las recomendaciones que entregan la matriz de poder e influencia. El cuadrante 1 de alto poder y alto interés, se recomienda colaborar con los stakeholders que se asignen acá. En el cuadrante 2 de alto poder pero bajo interés, solo se recomienda satisfacer sus necesidades. En el cuadrante 3 de bajo poder pero alto interés se recomienda involucrarlos en la gestión del cambio. En el cuadrante 4 de bajo poder y más encima bajo interés igual se recomienda mantenerlos monitoreados en caso que exista algún movimiento en el transcurso de la gestión del cambio.

Cuadro 6: Matriz Final de Poder e interés

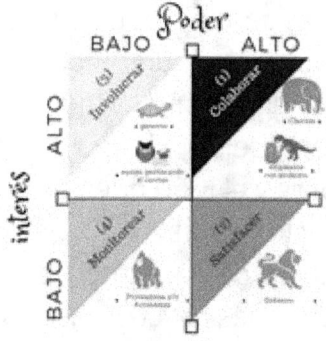

Fuente: Elaboración propia

Ahora cruzamos el cuadro 5.a con el 5.b obteniendo la matriz final de poder e interés. Como se presenta el cuadrante 1, se recomienda colaborar con los clientes y empleados sindicalizados en caso que nuestro diagnóstico inicial realizado en el sociograma original nos advierta que ellos tienen un alto poder e interés sobre el éxito en la gestión del cambio. Esto sería muy diferente si nos encontramos con muchos clientes atomizados que no tienen alguna organización que los represente. También me he encontrado con organizaciones que tienen sus sindicatos en decadencia, por lo que no se asignan en este cuadrante.

He presentado al león como único stakeholder del cuadrante 2. Acá el gobierno león tiene alto poder pero bajo interés. Este es el caso donde la agencia de impuestos, laboral u otra organización gubernamental nos supervisan, pero quizás por el tamaño de nuestra empresa no están interesados en los cambios que podamos hacer al interior de la empresa. Por este motivo se recomienda satisfacer todos los requerimientos que nos soliciten, logrando cumplir la ley y evitando así distraernos en ellos mientras implementamos la estrategia.

En el cuadrante 3, de bajo poder pero alto interés, recomiendo involucrar en la gestión del cambio organizacional a los stakeholders como el gerente tortuga y a los empleados perros que nos apoyan en la gestión del cambio, sin importar si están sindicalizados o no.

En el cuadrante 4, de bajo poder y bajo interés recomiendo monitorearlos solamente. Como supuse que en este cuadrante están los proveedores y acreedores como bancos que nos dan puedan dar créditos. Por este motivo si tenemos un acreedor gorila, es bueno que estén constantemente informados respecto a los cambios que estamos haciendo y el efecto en la estrategia de la empresa. Se les debe mantener informados porque se podría dar el caso que adquieran mayor poder, siendo este caso si un solo banco gorila concentra nuestras posibilidades crediticias del futuro.

Nueve

A la matriz final de poder e interés presentado en el cuadro 6 lo llamaré terreno de medición. Porque si el grupo que nos apoya en la gestión al cambio está más lejos que el equipo que se opone, tendremos una menor valoración de las probabilidades de éxito en implementar el cambio. Supongamos que el cuadro 7 representa dos escenarios al hacer un zoom de los cuadros anteriores. Podríamos saber inmediatamente la comparación de poder externo y por lo tanto las posibilidades de éxito de la gestión del cambio.

Cuadro 7: Terreno en la matriz de Poder e interés

7.a. Cercanía al gobierno	7.b. Cercanía a los clientes

Fuente: Elaboración propia

En el cuadro 7.A. Presenté un escenario donde nuestro equipo de gestión del cambio tiene cercanía al gobierno observada en la distancia B. Pero aquellos que se oponen, el dinosaurio y sus gatos, están muy cerca y tienen buenas relaciones con los clientes. Por eso la distancia A es una advertencia de la relación para comenzar a colaborar con los clientes, sino el dinosaurio convencerá al elefante para que se oponga al cambio. En mi experiencia me han tocado casos similares en aquellas empresas que son de servicios, porque los trabajadores tienen contacto con los clientes.

En el cuadrante 7.B. presenté un escenario menos adverso que el anterior, porque nuestro equipo está cerca del cliente elefante que tiene poder e interés, presentado en la distancia c. Sin embargo, los empleados que se oponen tienen cercanía con el gobierno león, lo que se traduciría en constantes denuncias reales o falsas de que estamos cometiendo alguna ilegalidad. Podría ser que no sabemos qué cambio alguna ley laboral y sin querer estamos infringiéndola, en esta situación, el dinosaurio no dudará en usar su cercanía de la distancia d para denunciarnos. Esto nos distraerá de nuestro principal interés, el cual es implementar el cambio. He visto situaciones similares cuando el equipo opositor tiene alguna cercanía ideológica o política partidista con los fiscalizadores del gobierno.

Al comparar las distancias a con la B o la distancia c con la d podré anticipar la posibilidad de éxito o fracaso inicial para implementar el cambio. Por eso nuestro equipo de gestión del cambio podría tener un éxito arrollador en la implementación si hace un buen diagnóstico. Cómo dice Sun Tzu, en caso que todos los elementos del diagnóstico sean favorables al equipo de gestión del cambio nuestro resultado será como comparar un kilo con un gramo.

Si logramos que todos los stakeholders nos apoyen en la gestión del cambio, especialmente aquellos que tienen alto poder e interés, podremos dirigir a grandes grupos de personas como si fuera una sola persona. Para esto debemos priorizar las energías, partiendo por el cuadrante 1 en el cual destinaremos el 50% de los recursos económicos y de tiempo al colaborar con clientes y trabajadores sindicalizados. Otro del equipo puede satisfacer los requerimientos del gobierno en el cuadrante 2, gastando solo un 20% de los recursos. Debemos también involucrar a los gerentes que estén el cuadrante 3 con bajo poder, pero alto interés en la gestión del cambio, gastando otro 20% de los recursos. Finalmente, solo un 10% de los recursos económicos y de nuestro tiempo se destinarán a monitorear a los proveedores y acreedores con bajo poder y bajo interés.

Al saber priorizar los recursos económicos, así como el tiempo de nuestro equipo podremos acumular nuestra energía en aquellos nodos que tengan mayor impacto en la gestión del cambio organizacional. Para que se lo puedan imaginar, esta energía concentrada es como un embalse lleno de agua a punto de explotar. Porque el gerente tortuga con sus perros están preparándose para actuar en el cuadrante de alto poder e interés. Lo interesante de este ejemplo gráfico, es que ni los opositores al cambio, ni nadie, saben de este embalse. Porque cuando decidamos actuar, el flujo de energía y optimismo planificado será tan irresistible como el torrente de agua que se vierte en el cuadrante 1.

Capítulo cinco: Firmeza en la gestión del cambio

Uno

En el capítulo anterior de este manual quise exagerar con fines pedagógicos el paralelo realizado entre nuestro equipo de gestión del cambio actuando en el cuadrante uno y el torrente de agua generado al hacer explotar un embalse. Sin embargo, esta energía acumulada puede ser real o percibida, sin agregar que está constantemente cambiando por diversos factores. Puede mejorar porque el equipo ha vuelto de vacaciones y está con mucho ánimo. O puede empeorar porque en invierno tenemos un alto ausentismo laboral debido a que muchos colaboradores tienen alguna enfermedad común, como un simple resfrío.

Ante este constante aumento o disminución de la energía de nuestro equipo de gestión del cambio, debemos ser capaces de proyectar una imagen favorable ante todos los stakeholders. Esta imagen de energía y fuerza debe ser proyectada especialmente sobre los grupos que se oponen al cambio, en especial si se encuentran en los cuadrantes de alto poder. Así se pueden desmotivar a los opositores con el solo manejo de las emociones, sin siquiera haber comenzado a realizar ninguna gestión del cambio o alguna coacción para disminuir su fuerza.

Dos

Liderar el cambio organizacional se puede ver complejo al mirarlo desde afuera, pero si los dividimos en estos cuatro cuadrantes se simplifica mucho el trabajo. Pero si queremos que la fuerza se proyecte al entorno, debemos agregar demostraciones de fuerza, símbolos y señales.

a.   Cuando hablo de demostraciones de fuerza hablo de hacer sentir a los cuadrantes que hemos llegado en equipo, donde se vean que son varios los que apoyan el cambio. También se puede demostrar la fuerza, real o no, cuando hacemos reuniones con clientes elefantes en lugares públicos. Demostrando con esto, un supuesto apoyo para aquellos que están especulando sobre el éxito o fracaso de nuestro proyecto.

b.   Los símbolos se refieren a imágenes que representen la fuerza que nos respalda. En este caso he visto que se pueden publicar fotos en redes sociales mostrando las reuniones de poder que estamos haciendo. También se pueden usar chapas o trajes institucionales que se asignen a quienes apoyen el cambio.

c.   Las señales de poder pueden ser diversas: Un computador nuevo o más grande para quienes apoyen; nuevas y mejores oficinas; beneficios de capacitación focalizados o incluso mayor flexibilidad en los permisos administrativos a quienes dispongan de esta misma flexibilidad para apoyarnos.

Todas estas demostraciones de poder, símbolos y señales deben siempre apegarse a la normativa laboral vigente. Porque tanto ética como estratégicamente lo peor que nos puede pasar es recibir alguna acusación de acoso o discriminación laboral. La sutileza de aplicar estas demostraciones, símbolos y señales debe influir en que los stakeholders que estén neutros al cambio se vayan sumando gradualmente.

Tres

Lograr que nuestro equipo de gestión del cambio sume a los neutrales y les quite motivación a aquellos que se oponen es una cuestión más que todo psicológica, para lo cual podemos aplicar métodos ortodoxos o heterodoxos. Para ser muy claro, un método ortodoxo es aquel que se enseña a aplicar o que es común observar organizaciones que están haciendo cambios organizacionales. Ejemplos de métodos ortodoxos son aquellos que nombre anteriormente, como los despidos, mejores oficinas o chapas que simbolicen el cambio.

En cambio, los métodos heterodoxos son aquellas que les puedan parecer extraños o insólitos al resto de los stakeholders. Creo que los únicos que deben saber y estar de acuerdo con estos métodos no tradicionales son los dueños que nos han contratado para gestionar el cambio. Ejemplos de métodos heterodoxos que he observado en mi experiencia pueden variar desde un líder del cambio vestido de santa Claus que entrega regalos a los clientes hasta la creación de una cuenta de twitter para hablar directamente con los clientes que se podrían oponer al cambio.

Estos métodos ortodoxos o heterodoxos no son temas fijos como los ejemplos expuestos anteriormente. En el caso de haber pasos predefinidos este manual no tendría razón de ser y hasta sería contraproducente. Ya que al caer en las manos de un opositor al cambio sería muy fácil anular cualquier intención de implementación. Entonces debemos ser muy creativos en hacer combinaciones con ciclos de métodos ortodoxos con otros heterodoxos. Solo así podremos manejar la opinión pública y la de los detractores respecto a la necesidad de cambio. Este ciclo de métodos generará una confusión entre los detractores haciéndonos impredecibles.

Cuatro
Para darle más fuerza a este ciclo de métodos ortodoxos y heterodoxos tendrá más fuerza en la medida que actuemos en lugares donde no exista oposición. Por eso se ejemplifica con una piedra arrojada sobre un huevo o de otra manera se recomienda llenar de nuestra energía aquellos lugares donde exista un vacío de poder. Para ser más claro, debemos hacerle creer a los opositores al cambio que trataremos de persuadir al gobierno león, siendo que estamos negociando acuerdos con el cliente elefante.

Así pues, el dinosaurio líder de la oposición estará en desventaja porque podría preparar una protesta en las oficinas gubernamentales. Por eso mientras los opositores se organizan y actúan para bloquear intentos de gestión del cambio en un lugar equivocado, nosotros estaremos acercando posiciones con los que realmente nos interesan. Así se explica mejor la idea de actuar con lo lleno donde existe el vacío.

A pesar de todas estas recomendaciones, me ha pasado que estoy haciendo el diagnóstico y los planes de acción cuando me encuentro con una crisis organizacional que se venía gestando de antes y tengo que enfrentar una reunión el líder opositor dinosaurio o con algún gato del sindicato que ha enviado este dinosaurio para probar que hago. Estas aproximaciones directas son ortodoxas. En cambio, si el dinosaurio o alguno de sus gatos dirigentes actúan de forma indirecta, en lugares o con stakeholders que no esperaba, estamos ante un método heterodoxo.

Si decido comenzar el cambio organizacional de forma directa, reuniéndome con gatos seguidores del dinosaurio líder de la oposición, debo hacerlo siempre por sorpresa. Y aunque haya actuado por sorpresa de forma heterodoxa siempre es bueno ir combinándolo con acciones ortodoxas de formas innumerables. En este círculo sin comienzo ni fin, donde la creatividad y experiencia es clave, nadie podrá agotarnos.

Cinco

Cuando implementamos rápidamente las primeras acciones de gestión del cambio. Debemos contar con tantos recursos económicos como humanos para causar un impacto que no deje duda de nuestra firmeza. Esta fuerza directa puede: reorganizar una gerencia; desvincular a un empleado que parecía inmune a los cambios o subirle el sueldo a aquel colaborador que creía no ser valorado por la alta dirección. Esa es la fuerza directa. Si logramos hacer un cambio rápidamente y además tenemos la experiencia para maniobrar retrocediendo, a esto se le llama la firmeza del halcón. Porque un halcón tiene una fuerza, maniobrabilidad y precisión que le permite tomar a su presa en cuestión de segundos. Logrando así dar con el objetivo previsto causando el efecto esperado.

Por ese motivo, estas rápidas acciones pueden parecerle desordenadas a los opositores, pero han nacido de un análisis ordenado y minucioso. En estos momentos de decisión y firmeza podremos realmente conocer con quién contamos, ya que en las situaciones de alta tensión es cuando se observa el valor y la cobardía del equipo que está a cargo de la gestión del cambio. Incluso a veces, me he sorprendido al observar que colaboradores perros a los que creía débiles, al verse en una situación crítica, se comportan con una fuerza y decisión propia del mejor líder del cambio.

Ejemplificando el párrafo anterior, una vez descubrí que un miembro del directorio que hablaba con una decisión y firmeza increíble termino siendo el más cobarde ante rápidas situaciones de cambio. En las reuniones privadas constantemente tenía que persuadirlo que el cambio no se lograría amenazando o despidiendo a los colaboradores. Contrariamente a su discurso y cuando desvinculé a un jefe que no apoyaba el cambio, este miembro del directorio fue el primero en tratar de boicotear la estrategia de gestión del cambio. Caras vemos, corazones no sabemos dice el refrán. Por eso en situaciones de cambio firme y rápido debemos pensar en las maniobras que tendremos que hacer si algún stakeholder pro cambio organizacional reacciona contra nuestra idea.

Seis
Solo en caso que estemos totalmente seguros de la unión y firmeza al interior del equipo de gestión del cambio podremos fingir desorden ante la atenta mirada del dinosaurio líder opositor y sus gatos. Así podremos distraerlo en este desorden artificial y ver cómo actúa. De forma análoga podemos fingir cobardía siempre y cuando seamos realmente valientes ante un diagnóstico previo de éxito. He visto situaciones donde el búho a cargo del cambio se muestra firme en la implementación del cambio justamente porque no cuenta con el apoyo al interior de su propio equipo. Así logra evitar que los contrarios al cambio debiliten su equipo.

Dependiendo la imagen que queramos proyectar se podrá observar orden o desorden por parte del equipo de gestión del cambio, solo depende como nos organicemos. La firmeza o valentía de nuestro equipo dependerá del ímpetu que observen en nuestra conducta los demás stakeholders. La fuerza o debilidad solo podrá ser interpretada en función de las acciones públicas que hagamos mientras ejecutamos el cambio. Por este motivo, hasta los más inseguros acerca del éxito del cambio nos apoyarán si nos perciben con fuerza e ímpetu. En el caso contrario, si nos perciben tímidos, hasta el colaborador más intrépido se comportará cobardemente. Nada está fijado cuando comenzamos el cambio, todas las conductas estará constantemente influidas por la percepción de éxito; fracaso o postergación del cambio.

Siete

Si contamos con la astucia propia de un búho líder del cambio podremos anticiparnos y lograr que muchos gatos que se oponen se auto convenzan de no proceder o hasta sumarse al cambio. Al manejar las percepciones podemos irles trazando el camino para que nos terminen siguiendo. O si tienen una perspectiva de triunfo, podemos guiar al dinosaurio líder de la oposición para desenmascararlo, ya que hasta ahora he visto que se oponen por miedo al cambio dado que no nos conocen, o porque son personas sin ética, dispuestos a cruzar cualquier barrera legal o moral con tal de conseguir sus fines particulares. Una vez que hayan actuado vilmente, debemos proceder a denunciarlos por medio de la legislación vigente.

Puedo agregar desde mi experiencia, que justamente aquellos líderes opositores que tienen el mejor discurso público para agrupar a los gatos, tienden a tener un comportamiento privado exactamente contrario a sus supuestos valores. Ahora bien, justamente su discurso público será uno de los pilares que nos pueden ayudar a desenmascarar a este tipo de personas.

Ocho

Este manual también busca dar ciertas ideas que le permitan a usted evitar muchos de los errores que cometí cuando realicé los primeros cambios organizacionales. También quisiera que usted evite cometer errores de otras organizaciones, respecto a la firmeza que se debe aplicar en cada caso. Ahora bien, si queremos ser un búho efectivo en la implementación del cambio debemos estar muy conscientes que la percepción de nuestra fuerza no depende del apoyo real que tengamos al interior o exterior de la organización, ni menos aún del real apoyo con que contemos al interior del equipo de gestión del cambio con la tortuga y sus perros.

De todas formas, es ideal que si te piden organizar el equipo de gestión del cambio debes elegir a los mejores perros o asesores externos. Incluso una vez vi que se organizó el equipo de gestión del cambio con representantes del cuadrante 1. En este caso, es como si pudiéramos contratar a algún familiar o representante del cliente elefante. Una vez elegidos debemos asignarlos al interior de la organización con el fin no solo de trabajar en pos de implementar el cambio, sino también de influir en la percepción de nuestra firmeza.

Nueve
Cuando tenga la percepción de firmeza; el entusiasmo y la convicción por parte del equipo. Este equipo compuesto por el gerente tortuga y sus perros tengan claras las ordenes que les puedo dar. Estén tan organizados que no queden dudas del conducto regular en caso de alguna maniobra. Cuenten con los recursos económicos y de personal suficientes. Y si a

esto le agrego un compromiso por parte de los stakeholders. Con todo esto, hasta el más inseguro de los perros se volverá valiente y decidido en aplicar el cambio organizacional.

Con un equipo de gestión valeroso, puedo asignar las funciones a ejecutar de acuerdo a las capacidades de cada uno de ellos. Ya que he visto fracasar proyectos de gestión del cambio no porque sea una mala idea, sino porque no se asignó bien al equipo humano. Los deberes y responsabilidades siempre deben depender de las características de cada uno de aquellos colaboradores perros que formen parte del equipo o del gerente tortuga. Un colaborador joven tiende a ser más valiente y le gustará actuar de forma directa. Generalmente el gerente tortuga es más cuidadoso y podrá actuar como un centinela que observa las acciones a favor, pero en especial de aquellos que estén en contra. Si contamos con colaborador muy inteligente debemos pedirle que se concentre en estudiar, analizar y comunicar el efecto que vayamos obteniendo, así como las maniobras a seguir. Cada uno de ellos es una pieza fundamental para el éxito de la implementación del cambio.

Diez

Pero cuando comenzamos a liderar un cambio, aunque tengamos un MBA dudamos en cuales pueden los factores que le den ímpetu al grupo. En este caso, creo que el arte de gestionar depende exclusivamente de cada búho que lidere. Debemos buscar cuales son las reales motivaciones que nos mueven a implementar el cambio y que puedan ser concordantes con los stakeholders del cuadrante 1; 2 o 3.

Nunca recomendaría que lideren un cambio con mentiras o adoptando un discurso que creamos que suena bien ante la comunidad. Porque la mentira y el engaño nos terminará traicionando ante aquellos que si quieren hacer el cambio. Creo que mi principal mentor fue justamente un dirigente sindical con quien comencé con diferencias, pero termine admirando profundamente. Porque este líder de la oposición si era coherente entre lo que hacía y decía. Terminó ganándose mi respeto profesional y logramos hacer grandes cambios al interior de su unidad de negocios con beneficios para el sindicato que él representaba, así como para todos los demás. En este caso encontré que el discurso del líder opositor coincidía con mi opinión personal dándome una fuerza que no he vuelto a tener.

Así pues, recomiendo cuales analizar los intereses, quiebres y preocupaciones de los stakeholders con alto poder y buscar si alguno de ellos mueve nuestras emociones y las de nuestro equipo de gestión. Sin importar si también es de interés de los opositores. Con estos intereses claros podremos implementar con ímpetu los cambios necesarios, haciendo que se mueva muestro equipo como rocas al pasar. Como dice Sun Tzu, el ímpetu es como hacer rodar rocas, podemos moverlas si las sacamos de un plano y las dejamos inclinadas. O las podemos mover si son cuadradas y las pulimos para volverlas redondas.

Como ejemplo, este plano se vuelve inclinado cuando les mostramos que el medio ambiente está cambiando. Y las piedras se pulen cuando alineamos sus más profundos sueños e intereses con los nuestros. Creo que todos los seres humanos de bien, siempre queremos hacer mejor las cosas y dejar una huella social. Siendo así, solo falta descubrir un interés trascendental en nuestro interior, así como en el de los colaboradores que coincidan con los stakeholders de más poder e interés.

Capítulo seis: Actuar o recluirnos, esa es la pregunta

Uno

Si aplicamos bien este manual, seremos un búho que se anticipe y prepare respecto a donde actuar con los cambios y donde no, recluyendo tanto a nuestro equipo como a nosotros mismos. Ahora bien, si llegamos primeros a aquellos stakeholders con alto poder e interés podremos esperar tranquilamente la reacción del dinosaurio opositor. A este debemos agregar, que quien reacciona tarde en acercarse a los grupos de poder e influencia más relevante tienden a agotarse por su constante improvisación. Peor aún, si toman medidas legales contra el cambio o piden permisos para organizar ilícitos contra el cambio, quedarán agotados.

Una buena estrategia de gestión será aquella que atraiga a los opositores y nunca será aquella que nos haga seguir las acciones del dinosaurio opositor y sus gatos. No debemos olvidar que nuestras actuaciones se basan en lo lleno sobre lo vacío. Por eso siempre debemos actuar en lugares y con stakeholders que nos den la seguridad de estar trabajando sobre seguro, fortaleza construida principalmente sobre la buena fe.

Si logramos que los opositores vengan hacia nosotros actuando contra el cambio, su fuerza estará vacía. Si evitamos enfrentarnos directamente a las provocaciones, nuestra fortaleza siempre estará llena. Creo que, en este caso, nuestros principales enemigos son internos. Porque nosotros mismos estaremos tentados a responder a las calumnias o provocaciones. Podría también algún perro inexperto sobre reaccionar ante estas provocaciones. Así también, un gerente tortuga temeroso podría caer en la inacción por temor a perder su trabajo cuando reciba estas provocaciones de parte del dinosaurio o algún gato líder. Por eso insisto en evitar las provocaciones y recluirnos en lugares seguros y con buen clima laboral en caso de recibir alguna demanda, protesta pública u otro tipo de acción que se oponga al cambio. Ese es el arte de vaciar la oposición y llenarnos nosotros mismos.

Dos

Lo que impulsa a los adversarios del cambio a enfrentarse directamente a nosotros es su perspectiva de evitar el cambio. Se verán desanimados si creen que puede haber una consecuencia laboral negativa, como perder un beneficio económico o incluso perder su puesto laboral. Esto es bueno y malo, porque si la resistencia al cambio tuviera buenas razones para rechazar el cambio evitaría decirnos por su inseguridad laboral. Este manual supone un buen diagnóstico y propuesta del cambio a realizar. No he incluido el análisis F.O.D.A; de porter o de macro y micro ambiente para recomendar un cambio concreto, solo recomiendo como llevarlo a cabo, sin importar el cambio a gestionar.

Con estos supuestos, si los opositores al cambio están en una posición favorable de mayor poder e interés deberíamos cansarlos con diversas acciones que los distraigan, les quiten tiempo para planificar o incluso para buscar aliados contra el cambio entre otros stakeholders:

a.   Si tienen muchos recursos económicos debemos tratar de disminuirlos y reorientarlos hacia aquellos proyectos que apoyen el cambio organizacional.

b.   Si tiene holguras de tiempo que les permitan reunirse y coordinar acciones contra, debemos asignarles labores que apoyen o al menos no dificulten nuestros esfuerzos. Porque si el dinosaurio y sus gatos seguidores están descansando sería como premiarlos por evitarlos. Esto se vería contradictorio, porque puede parecer que estamos perjudicando al gerente tortuga y los colaboradores perros al estar más ocupados en las acciones de implementación. Por eso, debemos poner siempre en movimiento a los adversarios al cambio, obviamente en acciones que se relacionen directamente con los stakeholders, o en el peor de los casos en el cuadrante 4 compuestos de aquellos con bajo poder e influencia.

Tres
Si vamos a comenzar con el cambio debemos hacerlo inesperadamente. Por ejemplo, en vacaciones donde tenemos pocos detractores o en períodos estacionales que tengan a todos los colaboradores muy ocupados en sus responsabilidades. Al comenzar con estas acciones debemos

generar una sensación de premura que agote a los que se resistan al cambio. Debemos impedir que reciban recursos extraordinarios, como por ejemplo cuando un partido político le paga las horas de permiso laboral a un dirigente detractor. Paralelamente debemos desconectar a los detractores de las reuniones que tengan con stakeholders de alto poder o alto interés.

Apareceremos en lugares del cuadrante críticos para el cambio, al colaborar con elefantes, satisfacer las leyes gubernamentales del león e involucrar a los perros y al gerente tortuga. Esto hará que el dinosaurio corra a reunir a sus gatos seguidores, o a tratar de defenderlos de las consecuencias de nuestras acciones, aún a pesar de que solo esté especulando, porque todas las recomendaciones de este manual buscan mejorar los beneficios de los que apoyan o se oponen al cambio al permitir la supervivencia de la empresa.

En este caso, quiero que usted piense que implementar el cambio es como ponerle una vacuna a la empresa. Porque estamos adaptando la empresa a los cambios externos, pero como una vacuna es una enfermedad debilitada, esta generará algún tipo de fiebre al interior de la empresa hasta terminar fortaleciéndola para cuando la verdadera enfermedad nos ataque.

Al actuar en lugares críticos, siempre debemos dirigirnos donde no nos esperen. Para no agotarnos emocionalmente, debemos evitar a toda costa exponernos en reuniones donde existan colaboradores opositores al cambio. Esto sería como correr una maratón sin competidores. Pero si en todos los cuadrantes existen opositores al cambio, no habrá problema que actuemos en ese lugar, en la medida que estemos informados que estos gatos opositores no tienen como defender lo indefendible, su negativa a todo cambio. Así pues, al aparecer en un cuadrante donde tengamos opositores sin preparación, la sorpresa los hará desperdigarse y correr a buscar ayuda en su dinosaurio líder. En este cuadrante donde no exista defensa de parte de la oposición, debemos defender con mayor fuerza los ideales detrás de la intención de cambio. Por eso se dice que un búho experto en gestión del cambio actúa donde no hay defensa y defiende donde no hay resistencia. Haciendo que cualquier opositor no sepa donde destinar su energía.

Si nuestro equipo cumple con las instrucciones de actuación solicitadas, esto hará que todos los stakeholders que estén al interior de la empresa se comprometan y sean leales con el cambio organizacional. En este caso, perros y gatos terminarán sumándose a la implementación.

Cuatro
Nuevamente insisto en que los planes y preparativos de posibles maniobras donde nos recluiremos en caso adverso, deben ser implementados con firmeza. Pero debemos ser tan sutiles y reservados que no sea imposible que los adversarios puedan descubrir nuestros pasos a seguir. Además, nadie lo podrá revelar por nuestro hermetismo. Esto hará que el dinosaurio líder se sienta inseguro, ya que sus capacidades profesionales o experiencia oponiéndose a todo, no le servirá para nada.

Debemos ser extremadamente sutiles y discretos a tal punto que nada ni nadie sepa las maniobras que pensamos hacer ante distintos escenarios. Al mantener estos pasos en la confidencialidad y misterio lograremos el punto de silencio total, o silencio hermético. De esta manera podremos dirigir la implementación del cambio y hacer que nos sigan incluso aquellos que se oponen. En este silencio hermético debemos actuar en lugares donde no exista resistencia al cambio o donde esta sea débil. Para esquivar una posible oposición debemos recluirnos rápidamente antes que empiecen las acciones en contrario.

La gestión exitosa del cambio siempre se basa en la velocidad con que la apliquemos. Llegar como el viento sin que nadie se dé cuenta, para luego movernos con la rapidez de un relámpago, evitando así cualquier desgaste con los adversarios al cambio. Dadas estas recomendaciones, aunque el dinosaurio opositor esté recluido, lo obligaremos a acudir a un cuadrante donde sienta que no le conviene perder recursos económicos o adeptos. He visto casos donde un líder que se opone a los cambios tiene fuero laboral y se jacta de su indiferencia u oposición al cambio. Pero cuando comenzamos a sumar a alguno de sus gatos, inevitablemente salen del status quo y comienzan a trabajar para recuperarlos.

Cinco
En caso que queramos evitar que el dinosaurio y sus gatos sumen al cliente elefante o al gobierno león, demos lograrlo trazando una línea de división imaginaria, la

que se refuerza en la medida que los confundamos y los hagamos intentar oponerse en otro cuadrante, por ejemplo, con el gorila proveedor y acreedor. Estas pistas falsas son las que logran alejar a los opositores de nuestro real objetivo.

Así las cosas, si los adversarios alcanzan a boicotear el proyecto en algún cuadrante clave, con el cliente elefante, por ejemplo, no debemos enfrentarlos. Sino que debemos establecer un cambio estratégico para confundirlo y llenarlos de incertidumbre. Coordinando reuniones con ellos y el gerente tortuga, por ejemplo, ya que este cuadrante de bajo poder y alto interés no es nuestro real objetivo.

Por consiguiente, si inducimos al dinosaurio y sus gatos a una reunión con el gerente tortuga, para cumplir con algún requerimiento legal idealmente, los induciremos a organizarse de acuerdo a nuestras necesidades. Esto permitirá que el equipo de gestión del cambio se concentre y los opositores al cambio se dividan.

Para facilitar estos señuelos, como buen búho, debemos hacerle creer al dinosaurio que nuestras acciones extraordinarias, como esta reunión con el gerente tortuga, son situaciones ordinarias para nosotros. Inversamente, ellos deben creer que reunirnos con el cliente elefante es algo extraordinario, siendo que la teníamos planificado con mucha anterioridad.

Seis

Otro factor que nos será muy útil, es que al inducir al dinosaurio con sus gatos para que se reúnan con el gerente tortuga podremos saber, cómo son organizados por el dinosaurio. Así conoceremos como piensa el dinosaurio respecto a su propio equipo. Además, lograremos que sus fuerzas se dividan, unos en la reunión con el gerente y los demás gatos con otros stakeholders. Así podemos concentrar nuestra energía sobre el cambio, con una organización silenciada herméticamente fortalecida por la división de fuerzas del dinosaurio y sus gatos.

Capítulo siete. Sobre la segunda parte

En esta primera parte del manual he presentado con peras y manzanas las técnicas que se pueden aplicar para lograr un cambio organizacional. Quisiera corregir la expresión de usar peras y manzanas, porque lo que presenté fueron diferentes animales, como los perros y los gatos con el fin de hacer pedagógico y lúdico el ejercicio de imaginar la estrategia.

En el próximo capítulo presentaré técnicas recomendadas, pero ante situaciones de crisis, resaltando la enorme importancia que tienen las personas que nos informan acerca de los miedos, pasiones y sueños de quienes nos apoyarán en la gestión del cambio organizacional, sea una empresa, el estado o de otro tipo.

ACERCA DEL AUTOR

Claudio Pardo Molina nació el año 1977 y está casado con la profesora Giannina Colombo, con quien tienen cinco hijos. Estudió en el extinto liceo público Miguel Luís Amunátegui, es Ingeniero Comercial de la Universidad de Chile y cuenta con un Magister en Gestión y Dirección de Empresas (MBA) con mención en habilidades directivas, de la escuela de ingeniería industrial de esa misma casa de estudios.

Ha trabajado en diversas empresas como el Banco Central de Chile, la Fundación Educacional Albert Einstein, la Universidad de Chile. Actualmente trabaja en la Pontificia Universidad Católica de Chile. Además en su tiempo libre participa en una organización no gubernamental de orden filantrópico.

En su experiencia laboral ha llegado a la conclusión de que hoy en día los valores y la antigua sabiduría se han hecho más necesarios que nunca. Debido quizás a que gran parte de los problemas actuales se deben a problemas éticos que se arrastran del pasado y de la profundidad de las contradicciones del ser humano.

Gran parte de sus libros tratan de traer a la presente sabiduría milenaria tanto de oriente como occidente. Esperando que este conocimiento nos pueda ayudar a respondernos esas interminables dudas del ser. ¿De dónde venimos? ¿Quiénes somos? ¿Hacia donde vamos?